Peter Dittmar

Die Macht der Sprache – im Streit um das Richtige für Deutschland

Peter Dittmar

Die Macht der Sprache – im Streit um das Richtige für Deutschland

OLZOG

Bibliografische Information Der Deutschen Bibliothek

Die Deutsche Bibliothek verzeichnet diese Publikation in der Deutschen Nationalbibliografie; detaillierte bibliografische Daten sind im Internet über http://dnb.ddb.de abrufbar.

Die Herausgabe dieses Buches wurde gefördert durch die informedia-Stiftung, Köln

ISBN 3-7892-8155-7

Internet: http://www.olzog.de

Umschlagentwurf: Gruber Grafik, Augsburg
Satz: Fotosatz H. Buck, Kumhausen
Druck- und Bindearbeiten: Himmer-Druck, Augsburg
Printed in Germany

Inhalt

1. Vorab

Vom Fragen und von der Geduld

„Ach, was muss man oft von bösen
Kindern hören oder lesen …“
So beginnt „Max und Moritz“. Wer kennt das nicht?

Aber was hat dieses Menschenbild mit der Wirklichkeit gemein? Der Mensch ist gut. Er liebt das friedliche Miteinander, das vertrauensvolle Gespräch, ein Aushandeln von Interessen, bei dem jeder auf seine Kosten kommt. Darum mag er keinen Streit, scheut er laute, unbeherrschte Äußerungen, bemüht er sich stets um Ausgleich. Sind ihm Wörter, Worte, Widerworte, die diesem Ideal nicht entsprechen, höchst unsympathisch. Zeigt er Geduld. Kann er den richtigen Zeitpunkt abwarten. Neigt er zum Optimismus, zu der Überzeugung, dass letztendlich alles gut werden wird.

Es gibt allerdings Ausnahmen. Gelegentlich begegnet man Menschen, denen Freundlichkeit nicht angeboren ist, die räsonieren, widersprechen, rechthaberisch sind. Die das Alte mehr lieben als das Neue. Oder das Neue mehr als das Alte. Die von den Spielregeln eines zivilisierten Umgangs nichts halten und meinen, ihre Wahrheit sei die einzige Wahrheit, und die habe für alle zu gelten. Bei denen alles schnell gehen und sofort entschieden werden soll. Die zum Pessimismus neigen, weil sie der Überzeugung sind, dass sich die Welt zum Schlechteren entwickle.

Dann stellt sich die klassische Frage „Was tun?“
Soll man ihnen um des lieben Friedens willen zustimmen?
Soll man sie einfach reden lassen?
Soll man mit ihnen um Recht und Unrecht feilschen?
Soll der Klügere nachgeben?
Soll man Kompromisse eingehen?

Soll man das Gestern vergessen und das Morgen?
Soll man darauf vertrauen, dass am Ende das Gute siegt?
Oder zumindest der gesunde Menschenverstand?

Oder ist es besser:
Keinen Streit zu scheuen?
Freundlichen Worten zu misstrauen?
Widersprüche offen zu legen?
Konflikte als Konflikte zu akzeptieren?
Die Lüge Lüge zu nennen?
Ironie dem Bierernst entgegenzusetzen?
Sich zu Vorurteilen zu bekennen, um Vorurteile zu benennen?
Von dem nicht abzuweichen, was als richtig erkannt wurde?
Also für das Richtige zu streiten?

2. Widerlicher Widerspruch?

Vom Frieden, vom Streiten und vom Recht auf falsche Entscheidungen

„In Deutschland ist es wichtiger, Verständnis zu haben als Verstand."
Johannes Gross

„Alles verstehen heißt alles verzeihen." Der Satz klingt menschenfreundlich. Aber ist er das wirklich? Bemäntelt er nicht jene Unentschiedenheit, die das „Verständnis" über den Verstand setzt? Entspringt er nicht einer Konfliktscheu, die Unangenehmes „toleriert", statt es beim Namen zu nennen und auf Änderung zu drängen? Importiert er nicht unbewusst und missverständlich eine Haltung, die in den Ländern Ostasiens im Umgang miteinander – einem anderen Kulturverständnis und dementsprechend einem anderen Menschenbild verpflichtet – gang und gäbe ist, das „Wahren des Gesichts"?

China wie Japan gehören zu jenen ostasiatischen Kulturen, die kein Nein kennen. Das Negative, das Unangenehme wird dort in positive Wendungen verpackt. Ein Student der Sinologie berichtet: Als er im Sprachseminar einen chinesischen Text grauenhaft übersetzte, druckste der Lehrer, ein Chinese, erst eine Weile herum, ehe ihm der Satz einfiel: „Bei uns in China kann man das aber auch ganz anders übersetzen." Und aus Japan wird kolportiert, dass dort ein Personalchef das hässliche „Sie sind entlassen" in die Watte des „Verständnisses" verpackte, indem er dem aussortierten Angestellten mit der freundlichen Wendung entgegenkam: „Sie lieben doch ihre Familie und ihren Garten, von dem man mir viel Schönes erzählt hat? Nun: Ab nächsten Monat können sie den ganzen Tag mit ihrer Familie zusammen sein und noch intensiver ihren Garten pflegen.“ Man mag das Höflichkeit nennen. Oder Zynismus. Es ist jedenfalls eine Strategie, die Konflikte zu vermeiden trachtet, damit das Gegenüber nicht „das Gesicht verliert“.

Im Geschäftsleben, wenn westliche Partner Japanern oder Chinesen gegenübersitzen, werden solche Signale oft nicht erkannt. Da wird ein höfliches Hinhalten als Vorstufe der Zustimmung verstanden, da macht man sich Hoffnung, glaubt einem Abschluss nahe zu sein. Währenddessen zerbricht sich die Gegenseite den Kopf, wie sie dem begriffsstutzigen Westler ihr Nein beibringt, ohne ihn das Gesicht verlieren zu lassen. So wird aus den Anfangszeiten ost-westlicher Geschäftsbeziehungen erzählt, eine europäische Firma, die Drehbänke herstellte, sei nach einem ersten Treffen überzeugt gewesen, die Lieferung so gut wie in der Tasche zu haben, weil sie nur auf Freundlichkeit und nicht auf irgendwelche Einwände stieß. Auch in der zweiten Woche und in der dritten änderte sich daran nichts. In der vierten Woche äußerten die Chinesen dann allerdings, die Maschinen, die man ihnen vorgeführt habe, seien ganz wunderbar und sie würden sie gern erwerben, jedoch eine technische Kleinigkeit müsse man ändern: Sie sollten sich andersherum drehen. Diese „Kleinigkeit“ war jedoch technisch unmöglich. Man hatte diesen Ausweg wahrscheinlich in langen Sitzungen neben den offiziellen Sitzungen ergrübelt, um dem Nein ein schönes Kleid anzulegen.

Darüber mag jeder Manager heutzutage lächeln, weil er, bevor er nach Fernost aufbricht, über diese Spielregeln informiert wurde. Aber sind solche Reminiszenzen wirklich „von gestern“? Wird dieses Spiel nicht auch in unseren Breiten getrieben, wenn sich die Vertreter einer Koalition oder eines Tarifkartells gegenübersitzen? Gilt das Wort „Frieden“ dabei nicht als Zauberwort? Wird nicht gern, falls Bildung ins Feld geführt wird, auf Schiller verwiesen, auf sein „Lied von der Glocke“, das mit der Zeile schließt: „Friede sei ihr erst Geläute“? Bekanntlich trägt diese Glocke den Namen „Concordia“. Nur ist das altertümliche Wort Eintracht längst aus der Mode – sieht man von Fußballvereinen ab. Und die pflegen solche Eintracht auch nur untereinander. Dem Gegner begegnet man, ungeachtet des Harmonie verheißenden Namens, selbstverständlich mit kämpferischer Aggressivität.

Dem „Frieden“ geht es kaum anders. Er ist in aller Munde. Nur meint offensichtlich jeder eine andere Art „Frieden“. Da gibt es eine Friedensbewegung, die sich nicht mit Friedensfreunden begnügt, sondern von Friedensaktivisten getragen wird – zu DDR-Zeiten widersprüchlich „Friedenskämpfer“ genannt. Osnabrück nennt sich im Angedenken an das Ende des Dreißigjährigen Krieges 1648 „Friedensstadt“ und unterhält ein „Büro für Friedenskultur“. Aus Politologen, die sich einst als Konfliktforscher verstanden, wurden veritable Friedensforscher, die sich, oft höchst kämpferisch, als auserwählte Führer auf den Weg in eine friedvolle Welt sehen. Seitdem darf man rätseln, ob sie uns dem Frieden, regional oder als Weltfrieden, ein wenig näher gebracht haben – ohne dass wir uns gleich den Satz des Satirikers Gabriel Laub zu Eigen machen müssten: „Frieden ist, wenn woanders geschossen wird.“ Oder wie ein russisches Sprichwort weiß: „Das Pferd schloss mit dem Wolf Frieden. Kam aber nicht nach Haus.“

Den Frieden, da ist kein Zweifel gestattet, liebt auch die Wirtschaft. Der „Betriebsfrieden“ gilt als ein wichtiges Gut. Und die „Friedenspflicht“ wird in den Tarifverträgen hochgehalten. Also gibt es keine plötzlichen Streiks mehr, wenn sich Arbeitgeber und Gewerkschaften über die Modifizierung auslaufender Verträge nicht zu einigen vermögen, sondern „Warnstreiks“, die das Gesetz während dieser „Friedenspflicht“ erlaubt. Daran beteiligen sich dann gewöhnlich nur wenige. Allerdings pflegen die Gewerkschaften, die das Ganze organisieren, dafür jene Schlüsselbereiche auszuwählen, deren Stillstand sehr schnell den gesamten Betrieb lahm legt, und die damit möglichst auch noch die Zulieferfirmen in Mitleidenschaft ziehen. Es ist eben, so sieht es jedenfalls die Rechtsprechung, eine „friedliche Warnung“, der nicht mit irgendwelchen unwirschen, dann natürlich als „unfriedlich“ klassifizierten Reaktionen entgegengetreten werden darf.

Nur ein Schelm wird deshalb Vergleiche mit jenen Typen ziehen, die den Familienfrieden gefährden oder eine friedliche Nachbarschaft untergraben, indem sie einfach einen Streit vom Zaun brechen. Das kann eine Frage des Charakters sein oder des Kalküls. Die Gebrauchsanweisungen dafür finden sich allerdings kaum in jenen

Ratgebern, die Harmonie und Eintracht zu lehren versprechen und widerliche Widerworte verdammen. Trotzdem sollen sie nicht unterdrückt werden. Denn die Möglichkeiten sind höchst vielfältig und zugleich äußerst einfach. Strittig ist lediglich, ob sie auch für das Zusammenleben hilfreich sind.

Mit dem Nachbarn kann man einen Streit beginnen, indem man ihm vorwirft, sein Radio oder Fernseher sei stets zu laut, dröhne durch alle Wände. Oder man beschwert sich über einen Ast, der über den Gartenzaun ragt, über die welken Blätter, die er in den Garten verstreut, über das Unkraut, das sich im eigenen Geviert ausbreitet, weil nebenan der Rasen nicht gepflegt wird. Als Streitgrund bieten sich auch das Grillen auf dem Nachbargrundstück als Geruchs- oder als Lärmbelästigung an. Die Gerichte können davon ein endloses Lied singen.

Nicht anders geht es im Familienkreis zu, selbst wenn die ganze Familie nicht mehr als ein Ehepaar ist. Wissenschaftler haben ein schönes Repertoire dieses Zusammenlebens kategorisiert. Das Schönste sind demnach die „konstruktiven Paare", die selten massive Auseinandersetzungen haben und sich durch hohe Kompromissbereitschaft und ein ausgeprägtes „Wir"-Gefühl auszeichnen. Nicht minder positiv werden „lebhaft-impulsive Paare" beurteilt, die sich leidenschaftlich und engagiert, aber auch mit Humor auseinandersetzen und streiten. Ein wenig Skepsis klingt dagegen bereits bei den „konflikt-vermeidenden Paaren" an, die eher emotional distanziert ihre Meinungsverschiedenheiten austragen. Und als „scheidungsgefährdet" gelten „feindselig engagierte Paare", die sich in hitzigen Auseinandersetzungen beschimpfen, beleidigen und gegenseitig abwerten, sowie „feindselig distanzierte Paare", die nur wenig Streit miteinander haben, jedoch sehr feindselig und abwertend miteinander „kommunizieren".

Wer das in der Praxis durchspielen möchte, kann auf uralte Rituale der innerfamiliären Provokation zurückgreifen. Wird beispielsweise auf eine Frage nicht geantwortet, ist mit dem nachgereichten Satz „Soll mir dein Schweigen sagen, dass du Streit suchst?" sofort der schönste Streit begonnen. Aber auch jede Antwort, ob vernünftig, ausweichend, hinhaltend, besänftigend oder schnippisch, lässt sich mit ein wenig Haarspalterei in ein Bündel von Streitgründen aufdröseln. Das reicht von „Was soll der Widerspruch?“ oder „Glaubst du, wenn du das ins Lächerliche ziehst, wird die Sache besser?“ bis zu „Du meinst wohl, wenn du mir nach dem Mund redest, sei das Problem aus der Welt?“ Schließlich sind nicht wenige überzeugt, dass eine Ehe, in der es nicht ab und zu richtig krache, keine richtige Ehe sei. Oder wie es in Russland heißt: „Mein Mann schlägt mich nicht, mein Mann liebt mich nicht“.

Solcher streitlustigen, streitversessenen, streitbesessenen Wirklichkeit wird immer wieder das Ideal eines harmoniegeprägten Miteinanders entgegengestellt. Bei dem allerdings, wenn man genauer hinschaut, ein recht eigenwilliges Gruppendenken zutage tritt. Die Leser von „Asterix“ kennen jenes kleine verschworene Dorf in Gallien, das sich eigentlich selbst genug, aber dem regelmäßigen Streit mit den Römern nicht abgeneigt ist. Denn jegliches Gruppendenken schließt ein, dass sich ihm alles, was nicht zu der Gruppe gehört, als fremd, ablehnungswürdig, wenn nicht gar feindlich darstellt – oder dargestellt wird. Charakteristisch ist dafür die Rede Kaiser Wilhelms II. vom 6. August 1914: „Wir werden diesen Kampf bestehen, auch gegen eine Welt von Feinden.“ Der Satz, längst zur Formel erstarrt, findet sich sogar in einem Manifest der kommunistischen Linken an die Proletarier Europas vom Juni 1944: „Proletarier Europas! Ihr seid von einer Welt von Feinden umgeben.“ Dementsprechend zielt politisches Handeln, besonders wenn es von Minderheitsmeinungen und den Interessen von Minoritäten ausgeht, auf die Bildung von Gruppen, die sich über das „Feindbild“ der Außenstehenden definieren.

Für die einen ist diese Gruppe die heile Familie, die mindestens drei Generationen in Liebe vereint, so wie es früher gewesen sein soll. Bedroht wurde sie bereits nach dem Zweiten Weltkrieg durch die so genannten „Onkelehen“, die aus schnödem Materialismus auf die Heiratsurkunde verzichteten, um die Kriegswitwenrente nicht zu beschneiden. Und heutzutage geht die Bedrohung angeblich aus von wilden Ehen, promiskuitiven Wohngemeinschaften, Feministinnen, Singles, Schwulen und was es sonst an ungewohnten, aber längst üblichen Formen des Zusammenlebens gibt. Nur haben inzwischen Familienforscher nachgewiesen, dass das Ideal der Mehrgenerationenfamilie bis an die Schwelle des 20. Jahrhunderts weitgehend eine Fiktion blieb, weil bei der niedrigen Lebenserwartung die Großeltern bereits gestorben waren, ehe ihre Enkel zur Welt kamen. Außerdem wurden diese Familien nie durch ein partnerschaftliches Miteinander geprägt, sondern durch eine streng hierarchische und jeder „Selbstverwirklichung" abholde Gliederung. Der „Familienfrieden" war also nicht naturgegeben oder aus Einsicht erwachsen, sondern bestand, weil man diese Hierarchie hinnahm – freiwillig oder zähneknirschend.

Genauso hypothetisch ist die Vorstellung von der heilen Natur als einem in sich geschlossenen, stimmigen System, das sich selbst konfliktlos zu heilen vermag und erst durch Eingriffe der Menschen aus dem Gleichgewicht gebracht wurde. Adam und Eva, indem sie Streit mit dem lieben Gott anzettelten, wären demnach die ersten Öko-Sünder gewesen – und die Grünen dazu berufen, das Paradies wieder herzustellen und uns mit Gott, obwohl sie mit ihm in aller Regel nichts im Sinne haben, zu versöhnen. Auch da installiert sich also eine Gruppe als ein Zusammenschluss der Wissenden, die wacker gegen eine Welt von Ignoranten antreten, streitend, wenn es denn sein muss.

Die Liste der Beispiele, wie die Welt in Gruppen zergliedert wird, ist endlos. Und fast immer lässt sie sich auf das Gegeneinander von „uns, den Guten" und „euch, den Uneinsichtigen, Bösen" reduzieren. In der Politik waren das früher die „Welschen", die „Erbfeinde", die „Gelbe Gefahr" und immer wieder – darin waren sich die „Erbfeinde" in Russland, im Habsburger-Reich, in Deutschland, in Frankreich seltsam einig – die Juden. Aber auch innerhalb einer Nation gab es Gegensätze, wurden Gegensätze konstruiert. Da standen angeblich die Aristokraten gegen die Bürger, die Proletarier gegen die Kapitalisten, die Ultramontanen gegen die Liberalen, kurzum die Rechten gegen die Linken. Streitlustig allemal, jedoch nicht immer zerstritten.

Den Deutschen wird nachgesagt, und jüngste Untersuchungen bestätigen das, sie seien zwar in der Theorie harmoniesüchtig, in der Praxis aber unfähig, Streitigkeiten mit Vernunft aus der Welt zu schaffen. Denn wer eine Rechtschutzversicherung hat – und wer hat die nicht – neigt dazu, jeden Streit bis zur letztmöglichen Instanz vor Gericht zu ziehen. Mit 12.000 Verfahren pro Jahr bildeten sie allein ein Viertel aller Prozesse vor dem Amtsgericht München, stellte dessen Präsident Anfang 2005 fest. Zwar gebe es die Möglichkeit, sie bei einem Streitwert bis 650 Euro einvernehmlich vor einem Notar beizulegen. Doch davon werde kaum Gebrauch gemacht. Die Rechthaberei siegt über den Rechtsfrieden – selbst wenn schließlich ein letztinstanzliches Urteil ergangen ist.

Personal- und Wirtschaftsberater beklagen, dass es in Deutschland keine „Fehlerkultur" und keine „Fehlertoleranz" gebe. Jeder scheue sich, Fehler einzugestehen, beharre auf seinen Entscheidungen, selbst wenn er sie als falsch erkannt habe. Das gelte für Angestellte in der unteren Etage genauso wie für die Manager an der Spitze. Während man in Ländern wie Amerika, so ein Personalberater, bewundere, wie jemand nach einem Sturz aufstehe, werde in Deutschland immer nur von der Niederlage geredet. Infolgedessen würden statt selbstbewusster Mitarbeiter, die, weil sie Fehler nicht fürchten, eine Firma ideenreich voranbringen, „Verwalter" bevorzugt, die sich dadurch auszeichnen, dass sie sich absichern und alles unterlassen, was gegen andere Meinungen wie Personen durchgesetzt werden müsste und darum zu Konflikten führen könnte. Getreu der angeblich drei goldenen Regeln der Beamten: „Das haben wir immer so gemacht", „Das haben wir nie so gemacht", „Dafür sind wir nicht zuständig".

Statt sich für das einzusetzen, was richtig, vielleicht sogar besser ist, bevorzuge man die ausgetretenen Pfade des geringsten Widerstands. Das mache es so schwer, auch wenn es immer wieder gefordert werde, Gehälter nach Leistung zu staffeln. Und deshalb gebe es viel zu viele Entscheidungen, die nichts entscheiden. Politiker delegieren Fragen, denen sie sich nicht stellen wollen, gern an „Expertenkommissionen". Und Expertenkommissionen tagen, protokollieren, schieben auf und liefern zum Schluss einen endlos langen Bericht ab, der sowohl das Ja wie das Nein einschließt – falls das Problem dann noch besteht und das Konvolut überhaupt gelesen wird. Nicht anders ist es auf dem Feld der Kultur, wenn eine Jury einen Preis verleihen soll. Auch da begegnet man jenen Allesversöhnern und ihrer seltsamen Entscheidungsscheu. Die Folge: Entweder spricht man sich für einen Künstler aus, der vielfach preisgekrönt ist und darum als unumstritten gilt, oder man teilt den ersten Preis in mehrere Häppchen, um bei weniger bekannten Künstlern nicht in den Begründungszwang zu geraten, warum man den einen für besser als den anderen hält. Dass solche Entscheidungsscheu Unmut, Unzufriedenheit und Konflikte auslösen könnte, wird dabei bewusst überspielt.

Es wirkt darum höchst unrealistisch, wenn ein Manager, gefragt: „Was ist das Geheimnis ihres Erfolges?", antwortet: „Die richtigen Entscheidungen." – „Aber was ist das Geheimnis der richtigen Entscheidungen?" – „Die Erfahrung." – „Und worauf beruht die Erfahrung?" – „Auf falschen Entscheidungen!" Wollte man diesem Rezept folgen, müsste in allen Arbeitsverträgen ein „Recht zu falschen Entscheidungen" verbrieft werden. Allerdings, da diese falschen Entscheidungen ursprünglich für vernünftig und sinnvoll gehalten und wahrscheinlich gegen andere Meinungen durchgesetzt werden mussten, auch ein „Recht zum Streit". Oder zumindest als subjektive Empfehlung Mut zum Streit. Und der wiederum schließt den Mut zur Niederlage ein, zur Bereitschaft zuzugeben, sich geirrt zu haben. Denn für die eigenen Überzeugungen eignet sich das Urteil der anderen, selbst der feindlichen, durchaus als Spiegel. „Unsere Feinde kommen in ihrem Urteil über uns der Wahrheit oft näher als wir selber", wusste bereits La Rochefoucauld – im 17. Jahrhundert.

Und die Moral? Ein Hamster kam in ein Haus, in dem ein anderer Hamster in einem Rad rannte und rannte. „Was führst du für ein trauriges Leben, gefangen und zum Treten auf der Stelle verurteilt", sagte der eine, „während ich draußen meinen Bau habe und herumlaufen kann, wo ich will. Sicher, ich muss mich um mein Futter kümmern, für den Winter vorsorgen und aufpassen, dass mich kein Raubvogel erwischt. Aber das ist der Preis der Freiheit." – „Wie ich dich bedaure", antwortete ihm der Hamster im Rad, „ich muss mich nicht um mein Futter kümmern, muss den Winter nicht fürchten, auch keinen Vogel. Vor allem aber kann ich laufen und laufen und weiß doch immer, wo ich bin – wenn das nicht die wahre Freiheit ist?"

3. Kultur des Palaverns?

Vom richtigen Bewusstsein und vom feinen Unterschied zwischen Du und Sie

„Lass dich nur zu keiner Zeit
zum Widerspruch verleiten!
Weise fallen in Unwissenheit,
wenn sie mit Unwissenden streiten."
Goethe

Ist Streiten demnach eine Unsitte, des Weisen unwürdig? Streiten nur die Unwissenden, die Narren miteinander? Oder sind die Narren die wirklichen Weisen? Schließlich legt Shakespeare einem seiner Narren in den Mund: „Der Narr hält sich für weise, aber der Weise weiß, dass er ein Narr ist." Dürfen sich also nur die Weisen auf einen Streit einlassen? Und sei es, um zu beweisen, dass sie jene Narren sind, die sich für weise halten? Oder sollen sie so weise wie Shakespeares Narr sein und die Rolle des Narren aus Einsicht in die Grenzen ihrer Weisheit übernehmen?

Ein solcher Streit würde sich gewiss jenem Ideal nähern, das als „Streitkultur" apostrophiert wird, also von dem Bemühen geprägt ist, jeden Konflikt im gesprächswilligen Miteinander zu lösen. Tatsächlich aber bewegt sich, was „Streitkultur" sein soll, auf einem viel niedrigeren Niveau. Denn meist rufen jene nach einer „Streitkultur", die Widerspruch nicht mögen, die Streitgespräche für eine Akklamation mit verteilten Rollen halten, wie sie viele Talk-Shows im Fernsehen praktizieren. Eine solche „Streitkultur" entpuppt sich als Synonym für das Unisono von Gleichgepolten, die dasselbe mit anderen Wörtern sagen und bekannte Formulierungen lediglich neu mischen, nicht aber durch neue, gar unkonventionelle Gedanken auffallen. Darüber hat bereits zu 68er-Zeiten Jens Litten gespottet, als er seinen ehemaligen Kollegen vom SDS (Sozialistischer Deutscher Studentenbund) entgegenhielt: „Wer würde heute noch wagen, nach dem materiellen Gehalt von Begriffen wie Manipulation, Repression, Establishment, System und so weiter zu fragen, müsste er doch befürchten, als Uneingeweihter oder Inhaber eines falschen Bewusstseins zu gelten.“ Das war vor einem Vierteljahrhundert. Inzwischen sind die meisten dieser Vokabeln als karrierehinderlich auf dem – gar nicht so langen – Weg durch die Institutionen aus dem Wortschatz gestrichen worden.

Auch das „falsche Bewusstsein“ hat ausgedient. Stattdessen wird heutzutage Adorno mit seinem Diktum aus „Minima Moralia“ zitiert: „Es gibt kein richtiges Leben im Falschen.“ Damit behauptet der, der das ausspricht, zu wissen, was das „richtige Leben“ und was das „Falsche“ sei. Nicht zuletzt kraft seines Amtes. Denn der von Rudi Dutschke in Anlehnung an Mao und den Syndikalismus propagierte „lange Marsch durch die Institutionen“ hat sich für die Machtbewussten unter den 68ern als stetiger, sogar steiler Aufstieg erwiesen – während aus dem Rest der roten und grünen Marschierer graue, wiewohl gewöhnlich gut versorgte Mitläufer wurden. Die aber, die nun „oben“ sind, müssen nicht diskutieren. Sie können Weisungen erteilen, Erlasse erlassen – und gute Ratschläge geben, die andere beherzigen sollen. Denn auch in den grünen wie roten Institutionen gilt die Definition des polnischen Satirikers Wieslaw Brudzinski: „Untergebener: einer, der sich kurz fassen muss.“

Mag auf den Parteitagen der Sozialisten und ihrer Ableger noch das traditionelle „Du“ zu hören sein, das Gleichberechtigung, auch ein gewisses Mitspracherecht anzudeuten scheint, so herrscht in den Büros der Macht längst das distanzierte und distanzierende „Sie“ einer eindeutigen Weisungs- und Verantwortungsstruktur, wenngleich es mit der Verantwortung, wie Joschka Fischers Visa-Affäre nur zu deutlich gemacht hat, oftmals hapert. Denn im Auswärtigen Amt sind Ministerbüro und diplomatisches Corps mehr von einer Kohabitation als von einer überzeugten Kooperation geprägt. Dementsprechend blieb die politische Führung, zu Zeiten der Großen Koalition wie heute unter rot-grünem Beieinander, von dem bewusst einen Hauch des Elitären kultivierenden Brauch ausgeschlossen, sich als Zeichen eines vertrauten Umgangs und eines Umgangs im Vertrauen zwar mit dem Vornamen, jedoch mit „Sie“ anzureden. Das schließt Meinungsunterschiede nicht aus, jedoch das Bemühen, stets die Contenance zu wahren, ein.

Den Gegenpol bilden die Partei-Gliederungen und -Niederungen. „Stallgeruch“ heißt da das Wort, das ein wesentliches Startkapital, wiewohl es sich oft nur mühsam verzinst, bezeichnet. Und „Ochsentour“ nennen die, die hier ihren Weg in die Politik beginnen, das Vorwärtsschreiten oder Vorwärtsstolpern auf den Karrierestufen. Den Blick halten sie dabei stets zurückgewandt. Denn in diesem „Stall“ – das Tier, das von hier aufbricht, hat umgangssprachlich wohl nicht zufällig einen negativen Beiklang – werden noch immer die alten, lieb gewordenen, wenngleich längst nicht mehr zeitgemäßen ideologischen Vorgaben gepflegt, gemeinsam und meist unwidersprochen. Darauf muss die Regierung Rücksicht nehmen, wenn sie an der Regierung bleiben will. Das hat seinerzeit Bundeskanzler Brandt zu akzeptieren gelernt, als er den überzogenen fatalen Forderungen der Gewerkschaft ÖTV unter der Führung von Heinz Klunker nachgab.

Wer diesen „Stallgeruch“ nicht hat – und stattdessen eigene Gedanken, muss an die „Gruppensolidarität“, an die „Fraktionsdisziplin“ erinnert werden. Diese Vokabeln umschreiben, dass das Gewissen eines Abgeordneten schon einmal – dann noch einmal und noch einmal – hinter dem, was die Parteiführung durchsetzen will, zurückzustehen hat. Denn die „schrecklichen Vereinfacher“, die anno 68 ganz genau zu wissen vorgaben, was die Welt nicht zusammenhält, haben sich als Regierende zu nicht minder „schrecklichen Verkomplizierern“ gewandelt. Schwankend zwischen Ideologie und politischer Notwendigkeit, sehen sie nur den Ausweg, einfache Tatbestände in komplizierte Verordnungen und Gesetze zu gießen. Und kaum sind die mit so schönen Namen wie „Gesundheitsreform“ oder „Arbeitsmarktreform“ verabschiedet, müssen sie sich vorhalten lassen, dass ihnen fatale Risiken und Nebenwirkungen entgangen seien und die Verordnungen darum erneut zu novellieren wären.

Die aber, die mit den Folgen solchen Regulierungseifers zu kämpfen, die immer neue Formulare auszufüllen, lästige Anfragen zu beantworten, ihr Tun und Handeln – ungeachtet der zugesicherten informationellen Selbstbestimmung – offen zu legen haben, müssen hinnehmen, dass wirtschaftliche Effektivität allenfalls als Nebengröße in diese Überlegungen einfließt. Der Arbeitsplatz ist wichtiger als die Arbeit, die an diesem Platz zu leisten wäre. Will man einer Vielzahl von Veröffentlichungen glauben, sind nicht das Produkt, seine Verkäuflichkeit und damit die Rentabilität eines Betriebes der Angelpunkt, sondern die Produktion als „Arbeitsbeschaffungsmaßnahme". Ein Unternehmen hätte also in erster Linie nicht Waren, sondern Arbeitsplätze zu produzieren. Ein Theoretiker wie Milton Friedman gilt deshalb als „unsozial", wenn nicht gar als „reaktionär", weil er daran erinnert, dass die soziale Verantwortung eines Unternehmens in einer freien Marktordnung sich in der Konzentration auf das Wesentliche zeige: die Mittel gewinnbringend einzusetzen.

Darüber zu diskutieren, darüber zu streiten mag theoretisch möglich, scheint praktisch jedoch nutzlos sein. Denn zu führen heißt unter solchen „Sachzwängen" nicht, das als richtig Erkannte in die Tat umzusetzen, sondern einen Mittelwert zwischen richtig und falsch als Ergebnis langer, oft lähmender Gespräche zu suchen – und vielleicht sogar zu finden. Dass solche Treffen, Gespräche, Besprechungen, Einstimmungen, Verhandlungen nur zu oft in endlose Palaver ausarten, muss, wer sich darauf einlässt, akzeptieren. Wobei der Bedeutungswandel des Wortes „Palaver" – zufällig? – auch die Veränderungen des Umgangs mit dem Gesprächspartner bezeichnet. Aus dem Portugiesischen übernommen stand es eigentlich nur für eine Unterredung. Da es die portugiesischen Händler auf ihre Verhandlungen mit den Einheimischen in ihren afrikanischen Kolonien übertrugen, wurde es zum Synonym für „Verhandlungen". Als über die Engländer, die wenig Sinn für solche umständlichen Begegnungen hatten, das Wort ins Deutsche gelangte, meinte es ein langes Herumreden, bei dem das Reden der Zweck und nicht nur Weg zum Ziel war.

Der Siegeszug dieser Art Begegnungen konnte, trotz seines negativen Beigeschmacks, das Wort nicht aufhalten. Es wird allerdings allenfalls ironisch für Treffen benutzt, die sich zwischen Unterhaltung und Karneval bewegen. Was ernst genommen werden will, nennt sich Tagung, Konferenz, Forum, Symposion – wenn auch nicht im Sinne der alten Griechen. Das *World Economic Forum*, alljährlich in Davos, illustriert das recht trefflich. Denn was als eine Begegnung von einfallsreichen Ökonomen begann, die sich gemeinsam Gedanken über das machen wollten, was die Welt global zum Besseren führen, vielleicht auch verführen, könnte, mutierte im Laufe der Jahre zu einem Spektakel. Da reisen Staatschefs, Ministerpräsidenten und andere Koryphäen an, lesen eine Rede vor, die oftmals nicht von ihnen, sondern von ihren Redenschreibern verfasst wurde, und verschwinden wieder. Diskussionen entwickeln sich nicht, weil man dem anderen kaum zuhört, und weil man bereits dieselbe oder eine andere Rede auf einer weiteren Großkonferenz, die nach demselben Muster gestrickt ist, halten musste.

Der „Konferenztourismus" ist längst eine Konstante im Leben jener Wissenschaftler und Politiker, die als prominent gelten. „Weltwirtschaftsgipfel", „Weltklimagipfel", „G7-", „G8-Treffen" usw. füllen ihre Terminkalender, obwohl sich diese Treffen nur als ein Amuse-gueule erweisen, das den Hunger nicht zu stillen vermag. Und was im Großen Brauch ist, wiederholt sich im Kleinen auf Partei- oder Betriebsebene. Zyniker meinen deshalb, die Mitbestimmung, die der entfremdeten Arbeit entgegenwirken und Teil einer Selbstverwirklichung am Arbeitsplatz sein soll, zeige in der Betriebswirklichkeit nicht selten den Charakter eines solchen Palavers. Denn, das schrieb die Schriftstellerin Marie von Ebner-Eschenbach, „nicht jene, die streiten, sind zu fürchten, sondern jene, die ausweichen."

Und zum Streit gehört durchaus ein gewisser Furor. Das wusste bereits Aristoteles. „Wer sich, wo es berechtigt ist, über Vorkommnisse und Menschen zornig erregt – in der richtigen Weise, zur rechten Zeit und nicht länger als angebracht, der findet allgemein Anerkennung. (...) Denn wer sich nicht zu erregen vermag, wo es am Platze wäre, darf als blöde angesehen werden, desgleichen wer es nicht in der richtigen Weise und nicht zur richtigen Zeit und nicht gegenüber den richtigen Personen vermag. Er erweckt den Eindruck, als merke er gar nichts, als habe er auch kein Gefühl für das

Unangenehme und als sei er – eben weil ihm die zornige Erregung fremd ist – gar nicht darauf eingestellt, sich zu wehren. Dabei verrät es doch knechtischen Sinn, sich in den Schmutz ziehen zu lassen und für Menschen nicht einzutreten, die uns nahe stehen." So steht es in der „Nikomachischen Ethik". Deshalb sollte man, wenn das Zusammensitzen nichts befördert, eine offene Auseinandersetzung suchen. Das Unvermeidliche muss klar als unvermeidlich ausgesprochen werden. Oder, wie die Japaner in Anspielung an die gefährliche, weil gelegentlich tödliche Delikatesse des Kugelfischs sagen: „Wer keinen Fugu zu essen wagt, verdient es nicht, Fugu zu essen."

Wenn es um Sachfragen geht, ist es falsch, die widersprüchlichen Ansichten zu einem Konsensbrei zu verrühren. Einen Dialog führen heißt, sich verständlich zu machen – und nicht unbedingt zu „siegen". Eine Diskussionsrunde ist kein Forum, um Freundschaften zu begründen, aber Respekt und Achtung sollten keine Fremdworte sein. Dogmatiker eignen sich nicht als Gesprächspartner. „Versöhnler", denen jeder Konflikt Unbehagen bereitet, allerdings auch nicht. „Der Wunsch nach Politikern ohne Eigennutz und Eigeninteresse aber schwächt die Demokratie, so wie Bestechung ihr schadet. Da wird von Politikern erwartet, was von Staatsdienern, Beamten und Verwaltungsangestellten mit Recht gefordert werden kann: Neutralität und Reinheit. Politik ist aber mehr als Recht und Ordnung. Parteienkämpfe und Streit dürften zu besseren Gesetzen führen als Harmonie und geregelter Geschäftsgang". Das schrieb PDS-Vorsitzender Jens Bisky, regimeerfahren, was die angebliche Einheit von Volk, Partei und Staat betrifft, im Januar 2005 in der „Süddeutschen Zeitung".

„Interessenpolitik" gilt im politischen Sprachgebrauch als Schimpfwort. Dabei ist jegliche Politik Interessenpolitik, denn jeder Politiker muss die unterschiedlichen Interessen gegeneinander abwägen. Dass das, was am Ende herauskommt, dem einen mehr, dem anderen weniger nützt, gehört zu den Selbstverständlichkeiten des politischen Alltags. Nur wird es nicht als selbstverständlich hingenommen. Noch immer herrschen Vorstellungen, nach denen der Politiker – „Berufspolitiker" wird den Schimpfwörtern zugerechnet

– selbstlos, unabhängig, wertfrei das einzig Richtige zu tun habe. Natürlich ohne Streit. Allein getragen von der Überzeugungskraft seiner Argumente. Dass die Politik nicht gegen Irrtümer und Fehlentscheidungen – durchaus *bona fide* – gefeit ist, dass das, was gestern richtig war, heute falsch sein kann, wird dabei übersehen. Es gibt eben nicht, wie Robert Havemann, Wissenschaftler und Systemkritiker in der DDR, mit spöttischem Blick auf den Allzuständigkeitsanspruch der SED formulierte, eine „Hauptverwaltung ewige Wahrheiten". Weil sich die Welt, die Menschen ändern – und natürlich auch die Menschen in der Welt –, muss sich die Politik, wenn sie richtig, vernünftig, sachgerecht sein soll, ebenfalls ändern. Sie sollte sich allerdings davor hüten, das Richtige und Wichtige in endlosen Palavern zu zerreden.

Und die Moral? Zwei Freunde trafen sich nach langen Jahren wieder. Der eine verheiratet, der andere ledig. „Wie schön muss es doch sein, eine Frau zu haben, die da ist, wenn man abends nach Hause kommt, mit der man reden kann", schwärmte seufzend der Unverheiratete. „Recht hast du", gab der Freund zu, „schön ist es, wenn du nach Hause kommst. Da steht das Essen auf dem Tisch, liegt die Zeitung bereit, sitzt dir deine Frau gegenüber und redet darüber, was sie gemacht hat, was sie machen wollte, was sie nicht gemacht hat, was sie machen könnte und redet und redet und redet …"

4. Konjunktur des Überflüssigen?

Vom Wortmüll und von kümmerlichen Superlativen

„Sobald man schreiben kann, fangen die Sorgen an."
Japanisches Sprichwort

„Am Anfang war das Wort." Wer wagte, dem zu widersprechen? Wer wollte an den beiden größten Autoritäten zweifeln: an der Bibel und an Goethe? Beide Quellen verraten uns allerdings nicht, welches Wort am Anfang stand. Und am Ende? Wer wird das letzte Wort haben? Wie könnte es lauten? Oder werden wir zuvor in dem Wortmüll ersticken, mit dem wir täglich zugeschüttet werden? Denn unsere Sprache wie unser Wortschatz treiben längst wie eine steuerlose Karavelle auf dem Meer der Beliebigkeit. Dazu bedurfte es nicht erst der „Rechtschreibreform". Weil es weniger darauf ankommt, wie man ein Wort schreibt, als welches Wort man wählt und in welchen Zusammenhang man es stellt. Vieles was wir hören oder lesen, scheint eindeutig zu sein. Aber oft ist es keineswegs so eindimensional, kann eine zweite Bedeutung mitschwingen, ein verborgener Sinn anklingen.

Ist eine „verspielte Größe" eine Größe, die das Spielen liebt oder die zur Größe nicht gelangte, weil sie ihre Chancen „verspielt" hat? Was bedeuten „Rücksicht", „Nachsicht"? Meinen die Wörter den Blick zurück, den nachforschenden Blick oder das Rücksichtnehmen, das (wiederum ambivalente) Nachsehen? Warum gelten „Demut" und „demütig" als positiv, während „demütigen" negativ verstanden wird? Ist es nur eine Spielerei, wenn aus „gescheit" und „gescheiter" letztendlich „gescheitert" wird? Aus dem Labyrinth der Sprache hilft kein Ariadnefaden. Deshalb müssen die Sprachverhunzer wie die Sprachkritiker nicht fürchten, eines Tages in den Abgrund der Wortlosigkeit gestoßen zu werden.

Das „Verhunzdeutschen" (Lichtenberg) sei eine Untugend und zugleich ein Privileg der Jugend, heißt es. Um sich von ihren Eltern abzusetzen, sie zu schockieren, gebrauche die Jugend gern ungebärdige, auch unanständige, oft unverständliche Wörter oder deute alt Gewohntes neu. „Geil" hat solch eine seltsame Karriere hinter sich. Ursprünglich meinte es lustig, ausgelassen, übermütig. Daraus wurde lüstern und auf Pflanzen bezogen („geiler Trieb") Wildwuchs. Inzwischen aber hat es sich – „echt geil", „Geiz ist geil" – zu „toll", „großartig" gewandelt. Für Ältere ist dieser Wortgebrauch irritierend, weil bei ihnen noch die frühere Bedeutung mitschwingt. Diese Veränderung des altgewohnten Sinnes, verbunden mit umgangssprachlicher Lockerung der grammatischen Regeln – „der Dativ ist dem Genitiv sein Tod" –, erscheint ihnen als Sprachverfall. Deshalb ist Sprachkritik gewöhnlich eine Alterserscheinung, geben sich Sprachkritiker pingelig und regelversessen, pochen sie auf das, was von alters her üblich sei, gehört Jammern – natürlich „auf hohem Niveau" – zu ihrem Handwerk. Solche Klagen begleiten das gedruckte Buch fast von Anfang an.

Diese Jeremiaden über die Unzucht mit dem guten alten Deutsch zu lesen – ob erstaunt und witzig wie bei Lichtenberg, grantelnd wie bei Schopenhauer, giftig wie bei Nietzsche, pedantisch-arrogant wie bei Kraus – ist noch immer ein erhellendes Vergnügen. Man entdeckt dabei alt-neue Wörter, Eigentümlichkeiten des Ausdrucks, grammatische Varianten, die es wieder zu beleben lohnen würde. Und Sprachschnitzer, die alle Kritiken überlebt haben. Vor allem aber gewinnt man ein Gefühl für das Leben und Atmen des Deutschen jenseits des eng geschnürten Regelkorsetts.

Heutzutage klingt es jedenfalls seltsam, wenn jemand von einer „züchtigen" Hausfrau oder einem „ehrbaren" Kaufmann (außer in Bremen und Hamburg) spricht. Ehre, Treue, Zuverlässigkeit, Ordnung, Fleiß, Sparsamkeit haben angeblich – als „Sekundärtugenden" geschmäht – keinen Platz mehr im verbindlichen Wertekanon und damit im Wortschatz. Frustriert, sublimiert, Minderwertigkeitskomplex, Ödipuskomplex und was sonst noch zum psychoanalytischen Vokabular gehörte, ist, nachdem es einem in den ersten Nachkriegsjahren ständig in den Ohren lag, inzwischen weitgehend in die Fachsprache zurückgekehrt. Knorke, dufte, schnaffte, schnieke haben das Erwachsenwerden der Generation, die so lässig berlinernd ihre Begeisterung kaschierte, nicht überstanden. Selbst einst überaus populäre Werbesprüche wie „Mach mal Pause“ oder „Darauf einen Dujardin“ sind nur noch Erinnerung.

Auch Zahlenkürzel – die 68er gehen sprachlich unaufhaltsam der Rentnerbeschaulichkeit entgegen – haben ihr Verfallsdatum. Wer weiß heute noch, was ein 131er ist? Und was ein 175er? Die 131er waren Beamte, die, nach 1945 entlassen, 1951 aufgrund des Gesetzes zum Artikel 131 des Grundgesetzes wieder in alte Rechte eingesetzt wurden. Und 175er nannte man Homosexuelle, weil der inzwischen gestrichene Paragraph 175 des Strafgesetzbuches von 1871 bis 1994 „sexuelle Handlungen zwischen Personen männlichen Geschlechts“ unter Strafe stellte. Und dass es einmal 88er gab, haben wir erst von Carl Zuckmayer erfahren. In seinem „Deutschlandbericht“ schreibt er: „‚Nun, ja‘, sagten sie voller Verachtung, ‚ein paar von ihnen sind Achtundachtziger, aber sie würden damit aufhören, wenn sie etwas Besseres zu tun hätten.‘ (H ist die Nummer acht im Alphabet und achtundachtzig ist HH oder Heil Hitler. Man findet eine 88 – sehr selten – an einigen Trümmerwänden in Berlin).“

Wortgeschichte und Wörtergeschichten spiegeln so Veränderungen im Umgang der Menschen miteinander, ihre Aufgeschlossenheit, ihr Selbstverständnis, ihre Eitelkeiten. Die Gegenwart bildet da keine Ausnahme. Obwohl „Bürokratie“ ein Wort der Verachtung ist, wird allenthalben die Bürokratensprache kopiert. Da wuchern unnötige Vorsilben, blasen sich einfache Wörter zu Doppelwörtern auf, klappern sich Metaphern und Formeln zu Tode. Mieten, kaufen, denken, mahnen? Das ist passé. Heutzutage wird etwas „angemietet“, „angekauft“, „angedacht“, „angemahnt“. Er macht sie oder sie macht ihn „an“. Und dann geht man in die Disco, die „angesagt“ ist und in der der „angesagteste DJ“ die Platten auflegt.

Das Gegenstück dieser Wortüberdehnungen ist eine Rudimentär-Sprache, die sich, nicht zuletzt durch die SMS gefördert, mit Kürzeln und Fragmenten begnügt – so wie einst die Großeltern der jetzigen Generation mit dem „Telegramm-Stil“ eine seltsame Ausdruckweise kreierten. Mit „in“ und „out“ wird mit Leuten wie mit modischem Klimbim kurzer Prozess gemacht. Und was ist nicht alles „Ex"? Nach der Scheidung oder dem Ende einer „Beziehung" tratscht man despektierlich über den oder die „Ex". Ein „Ex-König", „Ex-General", „Ex-Außenminister", „Ex-EU-Kommissar", „Ex-Aufsichtsrat", „Ex-Lover" einer TV-Serien-Schönheit sind das Lieblingsfutter der Klatsch-Presse wie der „Gesellschafts-Magazine". Und ein „Ex-Milliardär" mag sich besser als ein „Ex-Millionär" mit seinem Abstieg abfinden – wenn er nicht gerade den Unwillen Putins auf sich geladen hat. Glücklich darf sich deshalb nennen, wer nur ein „ehemaliger" ist und nicht als „Ex" im Dunstkreis irgendwelcher „Promis" dem „out" verfällt. Ist doch logo? Oder?

Von der Konjunktur des Überflüssigen profitieren besonders die Adjektive und verwandte Beifügungen. Morde oder Vergewaltigungen müssen zwingend mit „brutal" verbunden werden, als würden sich Gewaltverbrechen sonst durch Sanftheit auszeichnen. Untaten geschehen stets auf „offener Straße" (als ob es „geschlossene" gäbe). Ursprünglich war wahrscheinlich gemeint, dass diese Tat offen auf der Straße geschah. Die Zuschauer haben das mit „eigenen Augen" gesehen – wohl weil Fremde ihnen ihre Augen nicht leihen wollten. Und Politiker wie Meinungsumfragen wenden sich stets an den „normalen Durchschnittsbürger" – ohne dass wir erfahren, wer die „unnormalen" aussortiert hat. Aber das könnte man in „ergebnisoffenen Verhandlungen" ausloten – in denen auch zu klären wäre, ob man etwas noch Verhandlung nennen darf, wenn das Ergebnis nicht offen, sondern festgelegt ist. Aussagen sind „verbal", wahrscheinlich damit wir nicht denken, jemand hätte bei einer dummen Frage nur „nonverbal" mit dem Zeigefinger an die Stirn getippt. Wichtig ist und wichtig klingt, dass wir dem „inhaltlich", möglichst sogar „vollinhaltlich", zustimmen. Dann dürfen wir anschließend jemandem zuhören, der nicht einfach Klavier spielt, sondern den wir „live am Klavier" erleben. Und besonders beeindruckt uns, wenn wir vom Ansager im Radio erfahren, man sende nun „die Aufzeichnung eines Konzertes mit dem Pianisten XY live am Klavier".

Nur ein Spötter würde das „kafkaesk" nennen – und zugleich fordern, man müsse dem, der das Wort zuerst gebraucht hat, Tantiemen für all die nachklappernden „michelangelesk", „dantesk", „valentinesk“ usw. zahlen. Wie allen anderen, die durch Wortschöpfungen unsere Sprache von hässlichen Ausdrücken freihalten. „Niedrigpreisfluggesellschaft“ oder „Low-Cost-Carrier“ klingt schließlich weitaus besser als „Billigflieger“. Wer in der Schweiz mit Alkohol am Steuer erwischt wird, muss sich nicht diskriminierend „Säufer“ oder ähnlich nennen lassen. Er erscheint als „Blaufahrer“ in den Zeitungsspalten. Und sein Kollege, der Schwarzfahrer, hat in Zürich in der Tram keine Fahrkartenkontrolleure mehr zu fürchten, „Kundenbetreuer“ erkundigen sich jetzt nach einem gültigen Billet. Jeden Chef aber wird es freuen, wenn der Angestellte fortan nicht eine Gehaltserhöhung verlangt, sondern zartfühlend, wie ihm sein Personalberater empfohlen hat, von einer „Gehaltsanpassung“ spricht.

Früher war das Lösen eines Problems eine Frage des richtigen Vorgehens. Heute aber muss man die „Problemlösung“ durch die „Fragestellung“ nach der richtigen „Vorgehensweise“ „angehen“. Dabei sollte sich dann aus der „Herangehensweise“ die entsprechende „Verhaltens-“, „Darstellungs-“, „Betrachtungs-“ und „Erkenntnisweise“ ergeben. Sonst besteht „Handlungs-“, „Klärungs-“ oder „Gesprächsbedarf“, und, falls es sich um ein lädiertes Gemälde handelt, zusätzlich „Restaurierungsbedarf“. Nur ein „Bedarfsschein“, den der Sozialhilfeempfänger statt Geldes erhält, wäre in diesem Zusammenhang „gewöhnungsbedürftig“. Bei alledem kommt es auf die „Optik“ an, denn über das Aussehen, den Anblick, die Gestaltung, das Bild, die Erscheinung zu reden, hieße sich als von gestern zu „outen“. Und das würde weder „Sinn machen“ noch „sich rechnen“. Vor allem würde man dann dem anderen nicht „auf Augenhöhe“ gegenübertreten.

Da viel „gequatscht“ und wenig geredet wird, droht die moderne Hydra mit Sprachfloskeln und Witzchen, werden Buchtitel, die einmal originell klangen, variiert und banalisiert. Und kein Herkules macht dem ein Ende. Dass jemand „17 Jahre jung“ und der Sport „die schönste Nebensache der Welt“ sei, kann man nicht mehr, muss man aber ständig hören. Von dem Kongress mit dem herausfordernden Titel „Mut zur Erziehung“, denn 1978 wurde Erziehung weitgehend als autoritäre Dressur verketzert, blieb nur das „Mut zu …“ als Schablone, in die „Risiko“, „Leben“, „Träumen“, „Widerstand", der „Mut zum Geschäft", „zur Freude", „zur Gemeinde", „zur Ethik" usw. eingepasst wurden. Und „die Unfähigkeit zu trauern" kantapert als „Unfähigkeit zu lieben", „zu schweigen", „zu feiern", „zu weinen", „zu loben" und was es sonst noch an Unfähigkeiten gibt, durch die Welt.

Wenn Redner (oder ihre Redenschreiber) ihren schlechten Tag haben, fallen ihnen nur verbrauchte Bilder ein, die sie dann durch pseudo-ironische Distanzierungen zu mildern versuchen. Also sprechen sie von der „*sprichwörtlichen* Nadel im Heuhaufen", erinnern sie an die „Spitze des Eisbergs, die *bekanntlich* …" oder deuten an, dass da jemand etwas fürchte, wie „der *oft genannte* Teufel das Weihwasser". Und wohl in alle Ewigkeit werden „Rabenmütter" verdammt und „Krokodilstränen" vergossen, obwohl die Verhaltensbiologen längst nachgewiesen haben, dass Raben fürsorgliche Eltern sind und Krokodile nicht zu weinen pflegen. Mit „Durchstarten" als Aufforderung zum Weitermachen verrät der Sprecher, dass er von der Fliegerei keine Ahnung hat. Ein Pilot muss nämlich durchstarten, wenn plötzlich eine Notsituation das Aufsetzen auf der Landebahn verbietet. Wirft einer „das Handtuch", war er noch nie bei einem Boxkampf „vor Ort". Das Handtuch wirft nämlich der Sekundant in den Ring, wenn sein Schützling, selbst gegen seine Einsicht, aufgeben muss. Und „vor Ort" sind Bergleute am Ende des Stollens, dem „Ort". Wer „vor Ort" ist, schaut also nur über den Zaun dem Geschehen am Ort zu. Naturwissenschaftliche Ignoranz verrät, wer vom „Quantensprung" oder einer „Halbwertzeit" plappert. Der Quantensprung ist keineswegs das, was Marxisten als revolutionären Übergang von der Quantität in eine neue Qualität gelernt haben, es ist in der Physik der Wechsel eines Elektrons zwischen den beiden möglichen Bahnen, auf denen es den Atomkern (Proton) umkreist, also keine sensationelle Veränderung, sondern ein normaler Vorgang. Und als Halbwertzeit bezeichnet man nicht die Hälfte eines bestimmten Zeitraums, sondern die Zeit, in der die Hälfte eines radioaktiven Isotops zerfällt. Die verbleibende Hälfte braucht dann dieselbe Zeit, bis wiederum dessen Hälfte zerfällt usf. *ad infinitum*. Aber wer will das schon so genau wissen. Die Hauptsache, es klingt bombastisch. Superlative müssen sein.

„Es gibt nichts Gutes, außer man tut es“, hat Erich Kästner einst gereimt. Der Mann ist von gestern. Heute hieße das: „Es gibt nichts Optimalstes, außer man lässt es machen.“ Das reimt sich zwar nicht, entspricht aber der Pflicht, Superlative wider alle grammatikalischen Regeln weiter zu steigern und nichts selbst zu tun, sondern andere „machen zu lassen“. So werden Reisen zu „Traumreisen“ gemacht, gibt es bei der Lotterie nur „Traumpreise“, zu denen „Traumautos“, „traumhafte Erlebnisse“ und möglichst auch die „Traumfrau“ oder der „Traummann“ gehören. Das ist dann keine Allerweltssache, sondern „Kult“. Denn die Person, der Gegenstand, das Ereignis, dem man sich zuwendet, muss zumindest „das Zeug zum Kult besitzen“, wenn es nicht schon „Kult-Status“ hat. Der wird einem Pianisten genauso zugesprochen wie dem Turnschuh einer bestimmten Marke, einem teuren Auto oder einem Cocktail, den alle in der Bar, die „Kult“ ist, schlürfen. Dort sitzt man auf kultigen Designer-Stühlen und redet über eine Fernsehserie, die Kult ist – und die sofort vergessen wird, wenn sie aus dem Programm fällt. Ein Film, der es zur dritten Fortsetzung geschafft hat, ob „Star Wars“, „Herr der Ringe“ oder ein Italo-Western, gilt natürlich als „Kult-Film“. Denn „Kult“ hat nichts mit Kultur – und schon gar nichts mit einem Kultus – zu tun. Es bezeichnet lediglich etwas Triviales, das momentan eine gewisse Aufmerksamkeit genießt. Überdauert diese Zuwendung Monate oder ein Jahr, dann tritt „Legende“ oder „legendär“ die Nachfolge an. Auch da läge völlig falsch, wer eine Art populärer Heiligsprechung vermutete. „Legendär“ meint lediglich „über seine Zeit hinaus bekannt“. Der „legendäre Bandleader“, der „legendäre Tangotänzer“, der „legendäre Filmschauspieler“ lagern in der Schublade „Nostalgie“. Ein Qualitätsurteil ist damit nicht verbunden. Niemand wird von dem „legendären Johann Sebastian Bach“ oder dem „legendären Verdi“ sprechen, „Citizen Kane“ ist keine „Kino-Legende“ und James Watt kein „legendärer Erfinder“. Auch wird keiner behaupten, dass Mozart, Goethe oder Bismarck „Kult“ seien. Selbst von de Gaulle, Adenauer oder Margaret Thatcher lässt sich das nicht sagen. Sie alle gehören zu einer Welt jenseits der „Kult-Legenden“.

Diese sprachlichen Hochstapeleien leiten sich aus dem Hang, Drang und Zwang der Medien ab, das Einfache als etwas Besonderes zu verkaufen. Jedes Unwetter, soll es berichtenswert sein, will „Katastrophe" genannt werden, jeder Regen strömt „sintflutartig" vom Himmel, jeder Erdrutsch traf das Dorf „wie eine Bombe". Denn auch Pazifisten lieben das Vokabular des Krieges, reden von „Angriff", „Front" und „Durchbruch", von „Sperrfeuer", „Minen", „Schuss vor den Bug" usw.

„Wortlawinen rollen gewöhnlich von den Bergen der Dummheit", meinte der polnische Aphoristiker Stanislaw Jercy Lec. Demnach ist Deutschland ein Land der Berge, auf dessen Gipfeln gerne Hauptwörter zusammengekleistert werden. Das erleichtert die Polemik ungemein. Als Georg Picht 1964 über „Die Bildungskatastrophe" schrieb, wurde das zwar recht schnell zum „Bildungsnotstand" gemildert, doch wenig später hatte man bereits alle möglichen anderen „-notstände" ausgerufen. Gegenwärtig ist es üblich, das, was man nicht mag, mit „-falle" zu verbinden. So kann man wider die „Egoismusfalle", die „Emotionsfalle", die „Konsensfalle", die „Innovationsfalle", die „Neidfalle" etc. zu Felde ziehen. Für Politiker empfehlen sich außerdem noch „-keule" und „-lüge". Damit gewinnt man von der „Faschismuskeule" über die „Moralkeule" bis zur „Verbalkeule", von der „Renten-" und „Steuer-" bis zur „Repräsentationslüge" ein ansehnliches Arsenal von Totschlagargumenten.

Mildere Töne empfehlen sich allerdings, wo das heikle Verhältnis von Männern und Frauen gestört werden könnte. In China heißt es, die Hälfte des Himmels gehöre den Frauen. Allerdings bleibt dabei offen, ob diese Hälfte deutlich von der anderen, dem Ghetto der Männer, getrennt ist. Was im Himmel ungewiss scheint, lässt sich auf Erden mit Leichtigkeit realisieren. Deshalb sind alle Wörter unzumutbar, die davon ausgehen, Mann und Frau könnten eins sein. Das große „I" in der Wortmitte, das auf diesen existenziellen Unterschied aufmerksam macht, ist das Mindeste, was „LeserInnen" erwarten dürfen. Und „GenossInnen", „BürgerInnen", „TouristInnen" und alle die anderen auch. Nur das „frau" statt „man" will sich, wenn „MenschInnen" schreiben, nicht recht einbürgern. Selbst das Korrekturprogramm des Computers ist so reaktionär, dass es alle Wörter mit dem großen „I" in der Mitte rot als Fehler unterkringelt. Und auch das Englische, das jedem kümmerlichen Beruf exotische

Würde zu verleihen vermag, gibt sich störrisch. Selbstverständlich klingt Sales Manager besser als Verkaufsleiter, Department Manager besser als Abteilungsleiter und Team Assistant besser als Sekretär. Nur was machen wir mit der Verkaufsleiterin, der Abteilungsleiterin und der unentbehrlichen Sekretärin, wenn wir sie nicht rüde ins Deutsche zurückstoßen wollen? Müssen wir uns dann „Teutozentrismus" vorwerfen lassen? So wie wir uns unseres „Eurozentrismus" zu schämen haben, weil wir die gebührende Verbeugung vor Afrika und Asien vergessen. Und machen wir uns – falls wir nicht ein „mare"-Abonnement haben – des „Terrazentrismus" schuldig? Das warf ein Redner den anderen Teilnehmern der Konferenz über „Animals in History" vor, weil keiner der fünfundvierzig Vorträge die Fische würdigte, obwohl sieben Zehntel der Erdoberfläche von Wasser bedeckt seien.

Bernd Pischetsrieder, der Vorstandsvorsitzende von VW, monierte in einem Interview: „Es ist in vielen Bereichen so, dass die Verpackung über den Inhalt hinwegtäuscht. Das ist ja ein Teil des Problems der Glaubwürdigkeit der Politik. Die Worthülsenkreativität ist enorm, der Inhalt ist es oft nicht." Dabei mag er an den Vorsitzenden der Jusos gedacht haben, der am 1. Mai 2005 den Chef der Deutschen Bank nicht nur einen „willigen Diener des entfesselten Kapitals" nannte, sondern meinte, er sei „letztlich doch nur eine Marionette im Haifischbecken dieser neoliberalen Globalisierung". Ein Beitrag wider den „Terrazentrismus" war das gewiss nicht. Denn was sollen die armen Haifische fressen, wenn man ihnen statt eines fetten Ackermanns ein hölzernes Bengele zum Fraße vorwirft?

Dabei lassen sich doch auch scharfe politische Meinungsunterschiede mit sanften Wörtern bemänteln. Jeffrey Gedmin, der Leiter des *Aspen Institute Berlin*, hat das, wenngleich um Jahre zu spät, mit einem eleganten Exempel erläutert. Statt des harschen „Herr Gorbatschow, öffnen Sie dieses Tor! Herr Gorbatschow, reißen Sie diese Mauer nieder!" hätte der amerikanische Präsident 1985 in seiner Berliner Rede besser politisch korrekt gesagt: „Mister Gorbatschow, bitte erwägen Sie doch neue vertrauensbildende Maßnahmen zur Verringerung der Spannungen, die von dem antifaschistischen Schutzwall verursacht werden." Solche rhetorische Sanftmut scheint sich IG-Metall-Chef Jürgen Peters zu Eigen gemacht zu haben, als er eine „solidarische Einfachsteuer“ und „eine Reformkoalition der Gerechtigkeit und der Vernunft“ forderte. Dem kann jeder zustimmen. Das klingt gut und sagt nichts. Oder wer könnte etwas gegen ein „Gesetz zur Förderung der Steuerehrlichkeit“ haben? Vermeidet es doch pastoral den Missklang von Steuerhinterziehung, Steuerflucht und Steuern, die die Bundesregierung auf diese Weise kassieren will. Dieselbe Sympathie darf der Satz „einfordern“, der für Entschlüsse plädiert, die „vom ungeteilten Konsens aller politischen Kräfte getragen“ werden. Nur Miesmacher fragen da, ob es auch einen „geteilten Konsens“ gäbe. Solche „Weichspüler“ sind keineswegs allein eine Erfindung der Waschmittelindustrie, um knarzige Wäsche weich und anschmiegsam zu machen. Sie sind „im politischen Raum“ eine wichtige Zugabe, um die Härte des Alltags vergessen zu lassen. Nennen wir es ruhig „Kuschel-Politik“.

Leider fehlt uns, um diese Feinheiten und andere würdigen zu können, ein Wörterbuch, das dem Zeitgeist freundlich verbunden ist. Das müsste zum einen ein „Duden – Wörter, die wir nicht mehr gebrauchen wollen“, zum anderen ein „Duden – Wörter, mit denen wir in sind“ sein. Als Motto wäre diesen Bänden eine Sentenz von Heinrich Heine voranzustellen: *„Schilda, mein Vaterland“*.

Und die Moral? Die Dorfältesten kommen zum Rabbi. „Haste gehört? Der reiche Samuelson, der all sein Geld verloren hat, ist tot. Sie haben ihn in der Scheune gefunden. Am Hunger gestorben.“ – „Am Hunger? Das ist nicht das richtige Wort. Wenn ein Jude Hunger hat, geht er zu einem anderen Juden und bittet um ein wenig Essen. Und der andere gibt ihm. Hat Samuelson Euch um Brot gebeten? Hat er nicht! Also ist er nicht am Hunger gestorben, sondern am Stolz.“

5. Mit der Zunge herrschen?

Vom Reden und von Reden

„Am Anfang war das Wort – am Ende die Phrase."
Stanislaw Jercy Lec

Wer streiten will, muss nicht nur das Wort beherrschen, ihm muss auch die Kunst der Rede vertraut sein. Denn, so Churchill, „eine gute Rede soll das Thema erschöpfen, nicht die Zuhörer". Nun wird zwar allenthalben geredet, werden Reden gehalten – manche bereits als „groß" oder „historisch" apostrophiert, ehe ihr Text überhaupt bekannt ist –, aber mit der Redekunst ist es nicht weit her. Was blieb von der Ansprache von Bundespräsident Roman Herzog im Hotel Adlon im April 1997 im Gedächtnis? Ein einziges Wort aus dem Satz: „Durch Deutschland muss ein Ruck gehen." Nicht anders war es, als Bundeskanzler Schröder auf dem außerordentlichen Gewerkschaftstag der ÖTV am 5. November 2000 in Leipzig den Gewerkschaftern mit seinen Thesen zur Rentenreform widersprach: „Wir machen es. Basta!"

Einst war die öffentliche Rede ein Massenmedium. Tacitus nannte sie ein „Lebenselement der streitbaren Demokratie". Doch davon blieb kaum etwas. Bundestagsreden sind wie Wahlreden meist zu Ritualen geworden, die Redner gehen nicht mehr davon aus, dass sie Meinungen ändern, jemanden Kraft des Wortes überzeugen könnten. Sie wiederholen nur, was bereits bekannt ist, was in den Ausschüssen und anderswo beredet wurde. Dazu kommen dann, wie ein Schleifchen um eine Geschenkverpackung, ein paar Anmerkungen über die Kollegen von der anderen Fraktion, die den einst üblichen Beschimpfungen des Gegners, mit denen man sich vor der Schlacht Mut machte, ähneln. Denn den Rednern genügt es, die eigenen Scharen in ihrem Bewusstsein, Recht zu haben, zu bestärken.

Die Rede Marc Antons (in Shakespeares „Julius Cäsar“), mit der er den Meinungsumschwung gegen Brutus und die anderen Mörder Cäsars einleitet, mag zwar das Ideal eines jeden Redners sein. Aber Ideal und Wirklichkeit begegnen sich heute kaum noch – eine der ganz seltenen Ausnahmen war Lafontaines Parteitagrede in Mannheim 1995, die zum Sturz Scharpings und zu seiner eigenen Erhebung als Parteivorsitzender führte. Aber auch das blieb bekanntlich nur ein Intermezzo.

Die „große Rede“ wirkt nicht mehr unmittelbar, sondern über die Ausschnitte, die die Medien auswählen. Nicht anders ist es mit der als „falsch“ erklärten Rede – wie 1988 die Ausführungen von Bundestagsvizepräsident Jenniger zum 50. Jahrestag des 9. Novembers, Martin Walsers Friedenspreisrede 1998 oder die Worte des Bundestagsabgeordneten Martin Hohmann zum Tag der deutschen Einheit 2003. Jedesmal wurden in den Nachrichtensendungen Zitate mit Kommentaren verbunden, die sich in aller Regel lediglich auf diese Zitate stützten. Die Reden wirkten also nur mittelbar, was die Empörung, echt oder instrumentalisiert, nicht minderte, jedoch eine sachliche Debatte, die über Verdächtigungen und Unterstellungen hinausging, ausschloss. Deshalb merkte der Schriftsteller Michael Kleeberg im März 2005 in der „Welt“ an: „Häufig wird, und zu Recht, beklagt, dass Deutschland auch kein Land sei, in dem eine Kultur der intellektuellen Auseinandersetzung existiere. Es stimmt, dass Meinungen, die der eigenen zuwiderlaufen, hierzulande lieber mundtot gemacht werden als argumentativ bekämpft, im übrigen von beiden Seiten, der offiziellen wie der intellektuellen. Die Moralkeule ist eine geläufigere Waffe als die Degenklinge der Rhetorik.“

Die Kunst der Rede, die Regeln und raffinierten Verführungskünste der Rhetorik sind der Gegenwart – obwohl sie sich wortreich und wortbesessen gibt – fremd. Zeitungs- oder Rundfunkinterviews, wenn sie nicht geglättet wurden, lassen mit ihren Floskeln und Stotterwörtern deutlich erkennen, dass das gesprochene Wort kaum noch ein gepflegtes Wort ist. Denn auch die Kunst des Gesprächs wurde auf dem Altar einer geschwätzigen Gesellschaft geopfert. Und ihre Kinder – Small-Talk und Talk-Show – machen der Familie höchst selten Ehre. Heinrich von Kleist war noch überzeugt, so schrieb er in seiner kurzen Abhandlung „Über das allmähliche Verfertigen der Gedanken beim Reden“: „Ich glaube, dass mancher große Redner, in dem Augenblick, da er den Mund aufmachte, noch nicht wusste, was er sagen würde. Aber die Überzeugung, dass die ihm nötige Gedankenfülle schon aus den Umständen, und der daraus resultierenden Erregung seines Gemüts schöpfen würde, machte ihn dreist genug, den Anfang, auf gutes Glück hin, zu setzen.“ Solche Dreistigkeit kann man zwar immer wieder erleben. Nur an der Gedankenfülle hapert es. Reden und Denken scheiden sich wie zerstrittene Geschwister.

Rhetorik, der klassische Begriff für die Kunst der Rede, hat für die meisten einen negativen Klang. Da wird auf die Sportpalastrede von Joseph Goebbels verwiesen, die mit der demagogischen Frage endete: „Wollt ihr den totalen Krieg?“ Und wenn Hitlers Reden, die als Tondokumente und in Filmwochenschauen erhalten sind, heutzutage als Auftritte eines Schmierenkomödianten erscheinen, dessen suggestive Wirkung unverständlich bleibt, werden die historischen Umstände vergessen. Die zwanziger und dreißiger Jahre liebten – auch und gerade auf dem Theater – das tönende Pathos, die expressionistischen „Oh-Mensch“-Gesten. Dazu kamen die technischen Bedingungen: Die meisten Reden wurden nicht, wie heute selbst bei der kleinsten Versammlung, durch Lautsprecher verstärkt. Das Mikrophon diente nur für die Aufzeichnung. Und die klingt zu laut, oft kreischend, weil der Redner mit seiner Stimme den Saal füllen musste.

Nach dem Zweiten Weltkrieg war das anders. Da wurde die Technik immer besser. Nicht jedoch die Redner, wenn man an Ulbricht – er sei die Rache der Sachsen an den Preußen, hieß es in der DDR – oder Honecker denkt. Aber da war die Rede auch kein Medium der politischen Führung mehr, sondern nur noch eine abgestandene Zeremonie. Damals erzählte man sich die Geschichte eines eifrigen jungen Mannes, der sich für die Stasi bewarb. Um seine Eignung zu beweisen, sollte er einen feindlichen Agenten ausfindig machen, der sich bei einer hochoffiziellen Ulbricht-Rede in den geschlossenen Zirkel eingeschlichen hatte. Der Adept lauscht eine Viertelstunde, eine halbe Stunde. Dann sagt er: „Der Agent ist der Fünfte in der dritten Reihe." Und tatsächlich, er hat Recht. Als man ihn fragt, wie er das so schnell herausgefunden habe, antwortet er nur: „Ich habe gelernt, der Klassenfeind schläft nicht."

Skeptiker, die die Rhetorik, wie sie von den Griechen aus der Praxis der Gerichte wie der Politik entwickelt, verfeinert und kodifiziert worden war, als eine zwiespältige Methode empfanden, gab es bereits in der Antike. Aus der Kunst des Überzeugens sei eine Kunst des Überredens, sogar eine Kunst der Täuschung geworden, hieß es nun. Dazu hatte der Philosoph Karneades beigetragen, den Athen 155 v. Chr. nach Rom entsandte, um die Minderung einer Strafzahlung wegen des Überfalls auf die Stadt Oropos zu erreichen. Karneades nutzte den Aufenthalt, um den Römern seine Redekunst vorzuführen. Am ersten Tag stellte er überzeugend dar, warum die Gerechtigkeit über allem stünde. Tags darauf verteidigte er mit derselben Eloquenz das genaue Gegenteil – und verwies auf die römische Herrschaft als Beweis, dass es keine Gerechtigkeit gebe. Das hörten die Römer mit Missvergnügen. Und das bestärkte sie in ihrem (Vor-)Urteil, die griechischen Rhetoren lehrten eine zweifelhafte Kunst. Der Weg der Gracchen als Volkstribune, die sich mit dem Plebs einließen, schien ihnen nur logisch, weil die sich von einem griechischen Rhetor hatten schulen lassen. Kaum ein halbes Jahrhundert später war es genau umgekehrt. Nun hielt man die lateinischen Rhetorik-Schulen für „Schulen der Revolution", weshalb Cicero die Redekunst bei einem Griechen, die nun als konservativ galten, lernte.

Die Demokratie muss die Demagogie nicht erst in unseren Tagen fürchten. Euripides hat das bereits in den „Schutzflehenden" ausgesprochen. Ein thebanischer Bote nennt es da „für die Guten schlimm, wenn ein Schlechter einen hohen Rang besitzt, weil er mit seiner Zunge den Demos beherrscht, obwohl er früher ein Nichts war". Auch Tacitus bedauert (in seinem „Dialogus de oratoribus"), dass unter den Kaisern, anders als in der Republik, in der man deutlich und klar seine Meinung sagen konnte, nun Schönrednerei, Schmeichelei und leere Phrasen vorherrschen. Daran hat sich bis heute kaum etwas geändert, wenngleich die öffentlichen Dinge heute nicht mehr in Rede und Gegenrede entschieden werden.

Trotzdem gilt die Rhetorik Politikern wie Managern noch als Arkanum des Erfolgs. Die Rede-Seminare und Rhetorik-Kurse – und an der Universität Tübingen das Hauptfachstudium der Allgemeinen Rhetorik, das einzige in Deutschland – deuten an, wie ernst das gesprochene Wort genommen wird. Man ist offensichtlich überzeugt, dass die Fähigkeit, „die geringere Rede zur stärkeren zu machen" (Protagoras), gelehrt und gelernt werden kann. Dabei geht es nicht nur um die schöne Rede oder das Überreden des Hörers, wie es die Rhetorik der Werbung mit Schlagworttechnik, dem Spiel mit Wörtern und mit Klängen, mit Vergleichen und Metaphern, kurzum mit dem Ersetzen von Information durch lobende Anpreisung in Rundfunk, Fernsehen, Kino vorführt. Die guten Ratschläge ebenso wie die tückischen, die seit der Antike in ein System gebracht wurden, erweisen sich auch bei Auseinandersetzungen im kleinen Kreis, bei Verhandlungen und beim Streit am runden Tisch als hilfreich.

Das beginnt mit der *captatio benevolentiae,* dem Werben um die Sympathie des Hörers, indem man sich kleiner macht, sich mit ihm auf eine Stufe stellt. Traut man der Wahrheit nicht, kann man sie, um die negativen Fakten beiseite zu schieben, durch das Wahrscheinliche, durch Vermutungen und Spekulationen, in die Teile der Wahrheit eingewebt sind, ersetzen. Die Unerbittlichkeit der Gesetzestexte und eine streng juristische Beweisführung lassen sich mit Gesetzesauslegungen, die das scheinbar Eindeutige in Vieldeutigkeit auflösen, genauso wie mit moralischen, sogar moralisierenden Argumenten ins Unrecht rücken. Dabei ist Anschaulichkeit ein wichtiges Gebot. Die pathetische Schilderung einer Situation, die eigentlich nur eine Nebensache ist, eignet sich, geschickt vorgetragen, um von der Hauptsache abzulenken. Manchmal mag es zwar nützlich sein, „lächelnd die Wahrheit zu sagen" (Horaz). Aber da sich die nackte Wahrheit nur zu leicht als unschön erweisen kann, setzen die Rhetorik-Lehrer lieber auf Emotionen, auf den Appell an die Gefühle, auf Leidenschaft, Hass, Angst, Bewunderung, Empörung. Sie müssen allerdings mit Überzeugung vorgetragen oder überzeugend vorgespielt werden, wenn sie Effekt machen sollen.

Zurückhaltung empfiehlt sich bei jeglichem Streit – Familiensachen eingeschlossen – mit persönlichen Invektiven. Die Rhetorik-

Lehrer haben ein recht einfaches Rezept parat, um jemanden ins Unrecht zu setzen, ihn als einen fiesen Charakter hinzustellen. Ist über ihn nichts Schlechtes bekannt, zeigt sich damit, dass er bisher seine Laster geschickt zu kaschieren verstand. Weiß man nur eine kleine Verfehlung, wird die als typisch hingestellt, als ein Beispiel für das, was man nicht alles aufzählen will. Reagiert er erschrocken, unsicher auf Vorwürfe, wird das zum Eingeständnis einer Schuld gedeutet. Nimmt er Anschuldigungen lächelnd, gleichmütig auf, beweist das, wie abgefeimt er ist. Es ist das uralte Spiel – Krimi-Liebhaber kennen es zur Genüge: „Alles was Sie sagen, kann gegen Sie verwendet werden." Daher ist es leichter – jedenfalls in den Demokratien – zu herrschen, wenn man das Wort beherrscht.

Nur wer beherrscht noch das Wort? Wer versteht mit wohlgesetzten Wörtern Verbindungen zu knüpfen, die mehr als ein oberflächlicher Kontakt sind? Man redet nicht mehr miteinander, man spricht nicht mehr mit dem andern, sondern man „kommuniziert" und lässt „all unsere glücklichen und vergeblichen Versuche, uns mit der Welt zu verständigen, uns zu berühren und zu beeinflussen, die ganze Artenvielfalt unserer Regungen und Absichten der Ödnis und der Monotonie eines soziotechnischen Kurzbegriffs zum Opfer fallen. Damit leisten wir dem Nichtssagenden Vorschub, das unsere Sprache mit großem Appetit auffrisst." Das schrieb der Dichter Botho Strauß. Und er fügte hinzu: „Dürfte ich das Unwort des Zeitalters bestimmen, so käme nur eines infrage: kommunizieren."

Was aber ist ein Dichterwort gegen die Sprachmoden und Sprechmanien der Zeit? Allenthalben wird in Stellenanzeigen vom Bewerber „kommunikative Kompetenz" oder „Medienkompetenz" gefordert, wird die „Kommunikationsfähigkeit zur Schlüsselkompetenz" erhoben. Unausgesprochen bleibt dabei, dass diese Form der „Kommunikation" kein Austausch, kein ungezwungenes Miteinander meint. Man kommuniziert nämlich nicht mit jemandem – eine Ausnahme ist im Internet das „Sharkinfo" mit der Gebrauchsanweisung „Kommunizieren mit Haien" –, sondern man kommuniziert eine Sache, etwas Abstraktes. „Kommunizieren Sie Erfolg!", fordert ein Imperativ des Zeitgeistes. Oder man soll „Risiken im Straßenverkehr ...", „Wissenschaft ...", „Ziele ...", sogar „Glaubwürdigkeit kommunizieren". Selbst Theologen schrecken vor diesem unsäglichen Wort nicht zurück. Der Glaube ist ihnen offenbar suspekt. Stattdessen wollen sie „das Wissen um die Gottesbeziehung kommunizieren". Ihnen hält Botho Strauß entgegen: „Ein Katholik, der meint, er kommuniziere mit Gott, gehört auf der Stelle exkommuniziert. Zu Gott betet man, und man unterhält nicht, sondern man empfängt die Heilige Kommunion."

Das Internet liefert unendlich viele Beispiele dafür, dass vermitteln, informieren, aufmerksam machen, lehren usw. Vokabeln von gestern zu sein scheinen. Heutzutage „kommuniziert" man Auftraggeber und Kunden, begnügt sich zu simsen, mimsen, mailen und chatten, sendet und empfängt, ohne ein lebendiges Wort miteinander zu wechseln. Und kommt eine Botschaft nicht an, findet das Volk, dass Regierungsbeschlüsse – siehe Hartz IV – ihm nicht von Nutzen seien, heißt es, da habe jemand die Sache „nicht richtig kommuniziert". Und das kann ihm Einfluss und Stellung kosten, sozusagen als moderne Variante des alten Brauches, wonach der Überbringer schlechter Nachrichten um seinen Kopf fürchten musste. Denn nicht selten wird die Politik von ihren Inhalten, von der sachlichen Information gelöst und auf ein bloßes Übermittlungsproblem reduziert, das mehr auf Emotionalität als auf Rationalität setzt. Das entspricht einem Menschenbild, bei dem die Gesprächspartner nicht als gleichberechtigt angesehen werden, sondern sich der eine – nicht nur im technischen Sinne – als „Sender" empfindet, der andere lediglich als „Empfänger" gilt. Wer „kommuniziert", streitet nicht. Er nimmt etwas entgegen, vielleicht nimmt er es sogar auf. Er gibt etwas weiter, wie ein Relais, und gibt vieles auf: den Reichtum der Sprache, die Vielfalt des Denkens und das Aphrodisiakum eines klugen Streites. Und nicht zuletzt Klarheit und Wahrheit.

Und die Moral? Wieder einmal tagte die Komintern, die Kommunistische Internationale, in Moskau. Delegierte aus aller Welt waren gekommen. Neben dem Rednerpult saß Karl Radek, damals Komintern-Beauftragter in Deutschland, ein polyglotter Mann. Also übersetzte er, was der englische Delegierte zum Lobe Stalins zu sagen hatte, was der französische Genosse zum Lobe Stalins vortrug, was die Spanier zum Lobe Stalins erklärten. Auch den Mongolen wie den Eskimos lieh er beim Stalin-Lob seine Stimme. „Wirklich, Genosse Radek, dass du englisch, französisch, spanisch kannst, wussten wir", sagte man ihm danach, „aber mongolisch und die Eskimosprache?" Darauf Radek: „Nu, was werden sie wohl gesagt haben?"

6. Zahlen lügen nicht?

Von Millionen, Milliarden, Billionen und von anderen Ungewissheiten

„Er konnte nicht bis drei zählen, aber er zählte."
Stanislaw Jercy Lec

„Mit Zahlen lässt sich trefflich streiten,
Mit Zahlen ein System bereiten,
An Zahlen lässt sich trefflich glauben,
Von einer Zahl lässt sich kein Jota rauben."

Goethe wird es uns wohl nachsehen, wenn wir ihm das Wort zur Zahl verdrehen. Schließlich sind Zahlen ein nicht minder wirksames Argument, wenn man Eindruck schinden will. Ob es um die Wirtschaft geht oder um die Politik, immer wieder sollen uns Millionen und Milliarden imponieren. Und gelegentlich auch einmal Billionen – obwohl es sich dann meist um einen Übersetzungsfehler handelt, weil „billion" im Englischen nur eine „Milliarde" meint. Aber das ist unwesentlich. Unsereins überfordern schon Milliarden, denn gewöhnlich geht es dabei um Geld, um Euro oder Dollar, die in einer Staats- oder Firmenkasse unter der Rubrik „Defizit" (vornehmer ausgedrückt: als „Mindereinnahme") verbucht werden.

Die Nachrichtenproduzenten mit ihrer Liebe zu Zahlen beeindruckt das nicht. Sie jonglieren mit Ziffern und Prozenten, versuchen uns mit Vergleichen zu imponieren, die unpräzise, nichts sagend und willkürlich sind. Wenn von irgendwelchen exorbitanten Summen die Rede ist, heißt es nur zu oft, die Sache werde Millionen verschlingen. Dürftiger kann man Nichtwissen kaum verklausulieren. Schließlich können das zwei oder hundert Millionen sein. Die Sache wird auch nicht besser, heißt es – scheinbar genauer informiert –, es handele sich um einen Betrag in zweistelliger Millionenhöhe. Das können wiederum zehn oder 99 Millionen sein, was selbst für Millionäre ein kleiner Unterschied ist. Nicht minder ist von schöner Unbestimmtheit, verspricht ein Wertpapier einen zweistelligen Zuwachs. Sind das elf Punkte oder 99? Oder was sagen ein Zehnjahrestief und ein Neunzehnjahreshoch? Dass es vor elf, zwölf Jahren noch mieser, vor zwanzig Jahren erheblich besser aussah? Unklar und undurchschaubar bleibt, warum gerade diese Zeitabstände gewählt wurden. Und die Mitteilung „Der Euro sinkt auf ein Sieben-Monate-Tief" provoziert die Frage: Habe ich da gerade ein Drei-Stunden-Hoch verpasst? Wenn von der niedrigsten Zinsrate seit 27 Jahren geredet wird, nützt mir das Wissen, dass ich vor 28 Jahren noch weniger, vor einem Jahr allerdings mehr hätte zahlen müssen, herzlich wenig, wenn ich heute den Kredit brauche. Ich schwitze oder friere auch nicht mehr, wenn die Meteorologen erzählen, der heutige Tag sei der kälteste oder der wärmste im Mai seit 56 Jahren. Das hat denselben Informationswert wie die Tiefe eines Teiches, in dem jemand ertrunken ist. Wenn er nicht schwimmen konnte, ist es gleichgültig, ob es drei, fünf oder zehn Meter bis zum Grund sind, denn in keinem Fall hätte er Boden unter den Füßen gehabt.

Das Spiel mit Zahlen beschränkt sich nicht auf solche Pseudo-Nachrichten. Beim Großtun wie beim Kleinreden bedient man sich geschönter Zahlen – und vernachlässigt das Zählen. Der Hang, der Größte, Beste, Schnellste zu sein, bestärkt durch die Seltsamkeiten im Guiness-Buch der Rekorde, kennt keine Grenzen. Was zählt, ist allein die Nummer eins. Wer sie nicht erreicht, bleibt eine Null. „Schon die Mathematik lehrt uns, dass man Nullen nicht übersehen darf", spöttelt der Satiriker Gabriel Laub. Und er ist nicht der einzige, der sich von der Null zu Anspielungen und Wortspielen herausgefordert fühlt. Da wird auf die Million verwiesen, die auf Nullen nicht verzichten kann, auf den Unterschied zwischen Kapitalismus und Sozialismus, weil bei den Kapitalisten die Nullen hinten, bei den Sozialisten die Nullen vorn zu finden seien. Oder man fragt politisierend, was denn besser sei, wenn neben der Nummer eins die Nullen rechts stünden oder links.

Ohne Nullen und ohne Null funktioniert heutzutage nichts. Das ist allerdings nur bedingt eine alte Erkenntnis. Zwar begannen die

Inder bereits im dritten vorchristlichen Jahrhundert mit der Null zu rechnen, aber in Europa wurde sie – zuvor als ketzerisches „arabisches Teufelszeichen“ angefeindet – erst im zwölften Jahrhundert heimisch. Und wenn vom „Jahr null“ die Rede ist, wird in Deutschland gewöhnlich 1945 gemeint, um anzudeuten, dass nichts aus den Jahren zuvor als Erblast mitgeschleppt wurde. Das war eine schöne Fiktion. Denn dieses „Jahr null“ gibt es im zwanzigsten Jahrhundert ebenso wenig wie zur Zeitenwende. Nachdem die Theologen Christi Geburt in das Jahr 1 gelegt hatten, zählten sie alles, was davor geschehen war, rückwärts, beginnend mit dem Jahr 1 v. Chr. Dabei ist es geblieben, obwohl das die Kalendermacherei erheblich durcheinander bringt. Und die Idee, dass die Jahrhundertwenden wie die Jahrtausendwende einen Einschnitt bilden, dass das, was vorher war, abgeschlossen sei, und das, was danach kommen wird, sich neu und unbelastet entwickeln sollte, hält sich ungeachtet aller Erfahrungen auch in unserer Zeit.

Der Zauber der Null ist ungebrochen. Besonders die Künstler verkünden gern, dass sie „bei null“ anfangen. Neu und völlig anders werde das sein, was sie machen, frei von den Vorbildern und den Vorurteilen der Generationen zuvor. „Altmeisterlich“ empfinden sie als Schimpfwort, während „innovativ“ als Synonym für „kreativ“ begriffen werden soll. Dabei wird jedoch übersehen, dass die Null für „nichts“ steht. Allein gelassen, existiert sie nicht. Wer bei null anfängt, ist bereits bei der Eins. Allerdings, da ist die Politik den Künsten voraus, haben jene, die nach Euphemismen für Unterlassungen und negative Entwicklungen suchen, die Null aus ihrer passiven Rolle befreit und mit dem Heiligenschein positiven Handelns versehen. Von einer „Nulllösung“ oder „Nulloption“ ist zu hören, wenn etwas verhindert werden soll. Zuerst war das die Nachrüstung, dann kam die Atomkraft dazu, im eigenen Land und jenseits der Grenzen, dann wurde es auf den Pflanzenschutz, auf Vermögensansprüche der Vertriebenen bezogen, und inzwischen schwafeln sogar Vereine, die eine Reise absagen oder denen die Bedingungen eines Wettkampfes nicht gefallen, von einer „Nulloption“.

Zahlen sind natürlich nicht gleich Zahlen. Da hat man zwischen den frei fluktuierenden, gleichsam bürgerlichen, und den amtlichen Zahlen zu unterscheiden. Das führt uns jede Demonstration vor. Wenn die Organisatoren 10.000 Demonstranten gezählt haben, kommt die Polizei gerade einmal auf 5.000, und die Hunderte, die protestierend vor einer Botschaft standen, waren in den Augen der Ordnungshüter nicht einmal hundert. Wenn zwei dasselbe sehen, ist es eben nicht dasselbe. Das erlaubt dem, der an die Objektivität von Nachrichten glaubt, den feinen Unterschied zwischen Wahrheit und Wahrscheinlichkeit auszukosten, je nachdem, welche der beiden Zahlen ein Nachrichtenredakteur, völlig unvoreingenommen natürlich, bevorzugt.

Zahlen, heißt es, seien wertfrei und objektiv. Es wären allein die Interpreten, die ihnen diese Ehre abschnitten. Der Armuts- und Reichtumsbericht der Bundesregierung, erarbeitet vom Bundesministerium für Gesundheit und soziale Sicherung, sät da allerdings gewisse Zweifel. Er geht, darauf hat man sich in der Europäischen Union geeinigt, davon aus, dass „arm“ sei, wer über weniger als 60 Prozent des durchschnittlichen Netto-Einkommens im Lande verfüge (des „Medians des Nettoäquivalenzeinkommens“, um dem wissenschaftlichen Vokabular gerecht zu werden). Und wer nicht einmal 40 Prozent davon habe, leide unter „strenger Armut“. Die sei zwischen 1998 und 2003 zwar mit 1,9 Prozent konstant, aber die 60-Prozent-Armut habe sich in diesem Zeitraum von 12,1 auf 13,5 Prozent erhöht. Wer (2003) im Monat weniger als 938 Euro zur Verfügung hatte, wurde den Armen zugerechnet. Diese Gruppe vereint damit Empfänger von Sozialhilfe oder Arbeitslosengeld II mit 663 Euro (Mietgeld eingeschlossen), Rentnerinnen – West mit 479, Ost mit 655 Euro im Durchschnitt – und Studenten, die mit Bafög (samt Miets- und Krankenversicherungszuschlag) auf höchstens 585 Euro kommen können. Auch die „Geringqualifizierten“ gehören dazu, denn die „Armutsgrenze“ überschreitet nur, wie die Bundesvereinigung der Deutschen Arbeitgeberverbände ausgerechnet hat, wer als Alleinstehender mindestens 7,45 Euro brutto pro Stunde verdient. Es lässt sich also trefflich darüber streiten, wer in Deutschland „streng arm“, „arm“, „relativ arm“ oder etwas Besseres, gar ein „Besserverdienender“, vielleicht sogar ein gut Verdienender ist. Die Zahlen liefern genug Argumente, besonders die Prozentzahlen in ihrer selbstgenügsamen Unbestimmtheit.

Dasselbe Zahlenspiel bietet sich bei den „Reichen" und dem „Reichtum" an. Ist ein Millionär noch reich? Oder ist es erst ein Einkommensmillionär, also jemand, der pro Jahr mindestens eine Million (nach Steuern und allen Abgaben) kassiert? Wenn zehn Prozent der deutschen Haushalte über 47 Prozent der Vermögen in Deutschland verfügen, können wir eigentlich davon ausgehen, dass sich „arm" und „reich" in etwa die Waage halten, jedoch gut 75 Prozent weder das eine noch das andere sind.

Irritierend ist bei diesen Rechnungen die staatliche Seite. „Strenge Armut" wäre angesichts des steil aufragenden Schuldenberges noch die Beschreibung eines Glückszustandes. Bremen als Spitzenreiter kommt (2003) auf 16.003 Euro Staatsschulden pro Einwohner, Berlin auf 14.368, Hamburg auf 11.176. Die Stadtstaaten waren und sind eben immer etwas Besonderes. Die Bayern bescheiden sich demgegenüber mit der kümmerlichen Pro-Kopfverschuldung von 2.901 Euro, der niedrigsten Quote eines Bundeslandes. Das ist weniger als die Hälfte des allgemeinen Durchschnitts von 6.221 Euro. Auch das Saarland beansprucht eine Extrawurst, weil es als einziges Bundesland diese Schulden seit 1993 von 8.015 auf 7.420 Euro vermindert hat. Berlin nutzte diese zehn Jahre sehr viel progressiver – mit der Erhöhung der Schuldenlast auf das Dreieinhalbfache.

Die Methoden, mit denen einst ein Herrscher in Berlin solche Finanzmalaisen zu bessern suchte, verfangen heute allerdings nicht mehr. Als Friedrich der Große anno 1763 die Königliche Porzellan-Manufaktur (KPM) für 225.000 Taler übernommen hatte, ordnete er, um den Absatz anzukurbeln, an, dass jeder Jude, der bei den Behörden um eine Erlaubnis nachsuchte, sei es um zu heiraten, ein Geschäft zu eröffnen oder das Wohnrecht zu erhalten, seinen Vermögensverhältnissen entsprechend bei der KPM Porzellane kaufen musste. „Judenporzellane" nennt man sie deshalb. Er durfte sie sich weder aussuchen noch sie innerhalb Preußens weiterverkaufen. So erzählt man sich, dass Moses Mendelssohn gezwungen wurde, zwanzig lebensgroße Affen zu erwerben.

Friedrichs Erben haben sich dieses Prinzip zunutze gemacht. Als es um die „Weltgeltung" des Deutschen Reiches ging, und dazu eine Flotte, eine Kriegsmarine natürlich, vonnöten war, wurde unter

Kaiser Wilhelm II. 1902 die Sektsteuer eingeführt. Was nur vorübergehend und zweckgebunden erhoben werden sollte, entwickelte ein erstaunliches Beharrungsvermögen. Auch heute müssen noch 1,02 Euro plus Mehrwertsteuer pro Sektflasche bezahlt werden, wenngleich aus der „Luxussteuer“ inzwischen eine Bagatellsteuer geworden ist. Russland hatte bereits unter Iwan dem Schrecklichen erkannt, wie man aus Alkohol Geld gewinnen kann. Dem diente der *Kabak*, ein Wirtshaus, in dem es nichts zu essen gab, sondern wo Wodka produziert, verkauft und getrunken wurde. Der Sinn dieser Kneipen war allein, die Kassen des Zaren, der sein Schnapsmonopol streng und mit rigorosen Strafen hütete, zu füllen. Diese Methode, wenngleich mit Varianten, haben alle seine Nachfolger beibehalten. Die Wodka-Steuer soll – wie die Tabaksteuer – angeblich prohibitiv den Konsum mindern und das notwendige Geld, das für die Verhinderung und Linderung der gesundheitsschädlichen Folgen gebraucht wird, aufbringen. Es ist eine von jenen Steuern, die versprechen, Gutes zu tun, tatsächlich aber das Laster nachdrücklich fördern, weil der Staat auf diese „lästerlichen“ Kontributionen angewiesen ist. Den schönen Worten von Moral, Verzicht, Fürsorge stehen also die nackten Zahlen gegenüber, die der Finanzminister unter Einnahmen verbucht.

Um das Zwiespältige solchen Tuns zu kaschieren, werden diese Steuern gewöhnlich zu „Luxussteuern“ erklärt. Dabei wird der Begriff „Luxus“ meist so überdehnt, dass er fast alles außer Wasser und Brot sowie ein paar Kleinigkeiten, die jedermann zum Leben braucht, einbezieht. Luxus ist danach nicht nur das, was die so genannten Luxus-Konzerne an den Mann – und vor allem an die Frau – bringen, von Pelzen und Parfüm bis zu exklusiven Autos, Uhren, Rauch- und Trinkbarem. Sondern es ist im Grunde alles, was über das hinausgeht, was das Sozialamt dem Sozialhilfe-Empfänger als lebensnotwendig zu erstatten hat.

Gegen den Luxus zu polemisieren, und vor allem gegen die, die sich Luxus leisten können, gehört zum Kleingeld der so genannten Neidgesellschaft. Deshalb sind die Managergehälter ein attraktives Erregungsthema. Zwar weniger für die Aktionäre, denen nicht zu verdenken ist, wenn sie wissen wollen, was sich ihre Angestellten, denn das sind die Manager, an Einnahmen und Sonderrechten bewilligen. Jedoch für alle die, die meinen, wer erheblich mehr als sie selbst verdient, verdiene zuviel und das auf ihre Kosten. Da in Deutschland – anders als in Amerika – über Einkommen und Gehälter nicht gesprochen wird, fehlt auch denen, die sehr hoch entlohnt werden, das Verständnis dafür, das Hinz und Kunz darüber reden. Porsche-Chef Wiedeking wetterte deshalb: „Tatsache ist doch, dass alle Unternehmen, die heute (ihre Managergehälter) veröffentlichen, den Sozialismus auf Vorstandsebene eingeführt haben: Sie haben weitgehend die Managergehälter auf das gleiche Niveau ausgerichtet." Ich kann mir aber nicht vorstellen, dass „in jedem der betroffenen Unternehmen gleich gute, gleich leistungsstarke, gleich erfahrene Manager sitzen."

Mit dem Sozialismus in der Wirtschaft ist das so eine Sache. Und mit dessen Nachwirkungen auch. Denn ein Blick auf deutsche Managergehälter im Vergleich zu denen, die in den einst sozialistischen Ländern Osteuropas gezahlt werden, könnte ein neuerlicher Anlass zu einer Debatte über „arm" und „reich" sein. In Polen kommt nach einer Untersuchung der Unternehmensberatung Hay ein Geschäftsführer auf etwa 60 Prozent, in Bulgarien jedoch nur auf 30 Prozent der deutschen Vergütungen. Und in den unteren Rängen sind es in Polen 34, in Bulgarien sogar nur 11,6 Prozent. „Gleicher Lohn für gleiche Arbeit" bleibt, (Ost-)Grenzen überschreitend, ein Wunschbild.

Viele zweifeln heute generell an dem Nutzen von Statistiken. Schließlich sagt die Höhe des Gehalts nichts über den Lebensstandard, wenn es nicht in Relation zu den Lebenshaltungskosten gesetzt wird. Der Nimbus dieser mathematischen Methode ist längst vom Spott verdunkelt. Die Bemerkungen reichen vom „Mit Statistiken (wahlweise auch mit Bibel- oder Goethe-Zitaten) kann man alles beweisen" über „Es gibt Lügen, gemeine Lügen und Statistiken" bis zu „Ich traue nur Statistiken, die ich selbst gefälscht habe." Beliebt ist auch die Feststellung, es sei statistisch nachgewiesen, dass 98,3785 Prozent aller Statistiken falsch seien.

Ein schönes Beispiel für die seltsame Wahrheit der Statistiken ist der Kunstmarkt. Auktionen erscheinen da als Vorgärten des Paradieses, in denen alles wunderbar gedeiht, die Pflanzen „Gewinn“ und „Rekord“ die allerschönsten Blüten treiben und das Unkraut „verschätzt“, „nicht verkauft“, „zurück“ unbekannt zu sein scheint. Die Kurven der Zuschläge streben, selbst wenn sie manchmal abknicken, stetig nach oben. Alles wird teurer oder – wenn man von der Verkäuferseite schaut – besser bezahlt. So stiegen Gemälde von Max Beckmann zwischen 1970 und 1981 von 6.500 auf 600.000 Dollar. 1987 lag der Höchstpreis bei 1,4 Millionen, 1990 bei 3,75 Millionen und im Mai 2001 bei 22,5 Millionen Dollar. Wer wollte also zweifeln, dass der Kunstmarkt ein Boommarkt ist? Zwei Tage vor dem 22-Millionen-Dollar Rekord lag der Spitzenpreis für Beckmann noch bei 3,8 Millionen für „Perseus‘ (Herkules‘) letzte Aufgabe“. Dasselbe Bild wurde im Mai 2005 erneut angeboten – für eine Taxe von 4 bis 6 Millionen Dollar. Aber es wurde nicht verkauft. Also erscheint es nicht in der Statistik, denn wie soll man bewerten, was keinen Preis erzielte? Das gilt auch für andere Gemälde Beckmanns, die bei Auktionen scheiterten. Oder für Wassily Kandinskys „Zwei Reiter und liegende Gestalt“ von 1909/10, für das man im Mai 2005 – vergeblich – mit einer Taxe von 15 bis 25 Millionen Dollar den bislang höchsten Kandinsky-Preis von 19 Millionen Dollar zu übertreffen hoffte. Die Statistik, die vorgibt, den Markt zu spiegeln, ist also lediglich eine Verkaufsstatistik. Die Zahlen lügen nicht. Sie begnügen sich mit Halbwahrheiten.

Es klingt auch bestechend, wenn 1996 für „Les grands arbres au Jas de Bouffan“ von Paul Cézanne 7,9 Millionen Dollar bezahlt werden mussten, 2005 aber dasselbe Bild 11,8 Millionen Dollar eintrug. Die schönen Zahlen, die einen Gewinn von fast 50 Prozent vorgaukeln, reduzieren sich, wenn Aufgeld, Einlieferungsgebühr und alle Nebenkosten eingerechnet werden, auf einen Mehrerlös von 2,6 Millionen Dollar, also eine jährliche Verzinsung von rund 3,4 Prozent. Damit hat das Maspro Museum in Nagoya noch ein recht gutes Geschäft gemacht. Denn, und das wird bei den Rekordzahlen, die die Auktionshäuser allenthalben verbreiten, meist übersehen: Geld in Kunst anzulegen ist, wie volkswirtschaftliche Analysen ergaben, eine riskante Sache, die – von wenigen Ausnahmen abgesehen – weniger Zinsen bringt als Staatsanleihen. Da gleicht der

Kunstmarkt einer Lotterie, die auch nicht von den realen Chancen, sondern von den irrealen Hoffnungen der Spieler lebt, dass sich der Zufall für sie entscheiden möge.

Der Umgang mit Geld, angeblich stets auf Heller und Pfennig konkret, erweist sich nicht nur auf diesen speziellen Märkten als irrational. Was groß ist, verspricht einen größeren Gewinn. Wenn Manager an China denken, bekommen sie einen seltsamen Glanz in den Augen. 1,276 Milliarden Chinesen, glauben sie, seien auch mehr als eine Milliarde Kunden. Neu ist diese Naivität nicht. Rockefeller hatte einst die brillante Idee, jedem Chinesen eine Öllampe zu schenken, um dann – unter dem Motto „Öl für die Lampen Chinas" – en masse den notwendigen Brennstoff liefern zu können. Aber mehr noch als ein Licht am Abend liebten die Chinesen damals Aufstände und Revolutionen, die dem Handel nicht sonderlich zuträglich waren. Das hat sich inzwischen gelegt. Aber das große Gewinnspiel unterscheidet sich gegenwärtig nur wenig von einem Nullsummenspiel. 8,2 Milliarden Dollar konnten amerikanische Unternehmen 2003 auf der Gewinnseite verbuchen. Das klingt nach viel, ist jedoch, wie die „Neue Zürcher Zeitung" vorgerechnet hat, bescheiden im Vergleich mit den Erträgen in erheblich kleineren Volkswirtschaften. In Australien mit einem Potenzial von lediglich 19 Millionen Einwohnern waren es im selben Jahr 7,1 Milliarden, in Südkorea und Taiwan, wo 90 Millionen leben, betrugen die Gewinne 8,9 Milliarden Dollar und in Mexiko, das mit seinen 105 Millionen Einwohnern weit weniger positiv als China eingeschätzt wird, erzielten amerikanische Firmen sogar 14,3 Milliarden Dollar.

Die Zahlen sprechen ganz offensichtlich gegen den Schein. Trotzdem sind vor allem Politiker nicht gegen solche optischen Täuschungen gefeit. Sie haben sich zwar, nachdem sie in jüngster Zeit erkannt haben, dass allzu üppige Nebeneinnahmen den Glauben der Wähler an die Unabhängigkeit der Abgeordneten beeinträchtigt, Regeln und Grenzen gesetzt. Aber den Glauben, mit Wahlgeschenken könne man das Ansehen ihrer Partei verbessern und Wählerstimmen gewinnen, haben sie sich bewahrt. Die Parlamentarier, die vorgeben, nicht bestechlich und nicht käuflich zu sein, versuchen so ihre Wähler zu bestechen und zu kaufen – mit Geld und wohl tönenden Worten und dekoriert mit Zahlen, die angeblich den Anfang der Bescheidenheit belegen.

Wer, wie ein Zauberer das Kaninchen aus dem Zylinder, Zahlen aus dem Hut zaubert, steht in jeden Disput gut da. Er gewinnt sofort einen Vorteil, wenn er mit lässiger Selbstverständlichkeit auf Prozentsätze, Quotienten und Relationen statistischer Erhebungen verweist, als seien sie nicht nur objektiv, sondern auch das Maß aller Dinge. Sein Gegner mag dann grundsätzlich deren Richtigkeit bezweifeln, sein Widerspruch wirkt dünn, weil er die Statistik – falls sie nicht ad hoc erfunden wurde – in aller Regel nicht zur Hand hat. Und wenn jener Zahlenakrobat dann noch eine Formel findet, die das Ganze logisch abzurunden scheint, neigt sich die Waage schnell zu seinen Gunsten. Minister Clement hat das trefflich vorgeführt, als er die alles andere als erfreulichen Arbeitslosenzahlen kommentierte: „Wenn der Zenit überschritten ist, wird es wieder besser." Das klang so überzeugend, als hätte er gesagt „Wir sind über den Berg!" und danach den Mund gespitzt, um Hildegard Knefs Refrain zu pfeifen: „Von nun an geht's bergab."

Und die Moral? Bei Helmut Arntzen ist zu lesen:

„Was Singen und Arbeiten betrifft, so habe ich schon deiner Mutter gute Ratschläge gegeben", sagte die Ameise zur Grille im Oktober. „Ich weiß", zirpte die, „aber Ratschläge für Ameisen."

Oder bei Lichtenberg:

Herr Campers erzählte, dass eine Gemeinde Grönländer, als ein Missionar ihnen die Flammen der Hölle recht fürchterlich malte und viel von ihrer Hitze sprach, sich alle nach der Hölle zu sehnen angefangen hätten.

7. Der Klügere gibt nach?

Von der Nachgiebigkeit und von der Dummheit

„Der Gescheitere gibt nach! Ein unsterbliches Wort. Es begründet die Weltherrschaft der Dummheit."
Marie von Ebner-Eschenbach

Man sollte nicht auf seinem Standpunkt beharren, sondern dem Gegenüber entgegenkommen. Das wird oft geraten, wenn eine Auseinandersetzung droht. Abstriche zu machen, und sei es „um des lieben Friedens willen", gilt als Zeichen der Vernunft. Im Umgang miteinander. In der Familie. In der Politik. Im Wirtschaftsleben. Das sei, wenn schon nicht menschlich, zumindest menschenfreundlich.

Dazu kann man allerdings die antiken Götter nicht als Eideshelfer bitten. Die waren sich untereinander nur selten grün, wie der Trojanische Krieg als Stellvertreterkrieg für göttlichen Zank demonstriert. Überhaupt lag ihnen, wenn es um die Menschen ging, Lug und Betrug nicht fern. Die Geschichten, die man sich von Zeus als Liebhaber der Menschenfrauen erzählt, von Europa, Leda, Danae, Alkmene und all den anderen Damen, verraten das freimütig. Und nicht zuletzt lehrt es die Geschichte von Pandora: Weil Prometheus mit den Menschen sympathisierte, schenkten die Götter voller Tücke seinem etwas einfältigen Bruder Epimetheus die schöne Pandora mit ihrer berühmten Büchse als Mitgift, in der alle schlechten Eigenschaften eingeschlossen waren. Prometheus, der klügere, den Göttern misstrauende, warnte seinen Bruder zwar, Pandora zur Frau zu nehmen und das „Göttergeschenk" zu öffnen. Doch da das nichts half, resignierte er. Und so geschah, was immer wieder geschieht, wenn der Klügere nachgibt: Die Heirat fand statt, die Büchse wurde geöffnet, das Unheil kam in die bis dahin friedliche Welt. „Jeder ist klug: der eine vorher, der andere nachher", weiß ein russisches Sprichwort.

„Was nützt es, dass du die Schlacht gewinnst, wenn du am Vortage den Geschichtsschreiber beleidigt hast?“, warnt deshalb der polnische Satiriker Wieslaw Brudzinski die Klugen. Die alten Ägypter und die alten Chinesen wussten das zu beherzigen. Ihre Chronisten zögerten nicht, Siege und Triumphe des Pharaos beziehungsweise des Kaisers ausführlich zu schildern. Und selbst ein Patt wurde noch in einen ansehnlichen Erfolg umdekoriert. Nur auf die Beschreibung von Niederlagen verzichtete man lieber, weil schlechte Nachrichten gute Köpfe in Gefahr brachten. Jene Völker, die stark genug waren, um dem Pharao oder dem Kaiser Gefolgschaft und Tribut wehrhaft und erfolgreich zu verweigern, kamen in den Chroniken einfach nicht mehr vor. Nach Jahrzehnten oder auch erst nach Jahrhunderten wird dann, als hätte es nie eine Unterbrechung gegeben, plötzlich wieder genau aufgezählt, was diese Völker als Tribut bei Hofe ablieferten. Dass man sie in einem langen Krieg zuvor überwinden musste, bleibt der Phantasie der Leser überlassen.

Aber wo wird heute noch in Jahrzehnten, gar Jahrhunderten – mögliche Rückschläge eingeschlossen – geplant? Die Wirtschaft hat zwar einen längeren Atem als die Politik, die im Vierjahresrhythmus von Wahl zu Wahl hechelt, von der Unruhe und Beunruhigung durch Landtagswahlen zwischendurch ganz abgesehen. Aber einen so langen Atem hat auch die Wirtschaft nicht. Und in Atemnot gerät sie immer wieder, wenn die Politik kurzfristig die Spielregeln ändert. Das betrifft vor allem die Unwägbarkeiten der Steuergesetzgebung, die eine langfristige Planung als Voraussetzung für Investitionen erheblich erschweren. Auch beim Kartellrecht ergeben sich immer wieder Probleme, weil mit der Ministererlaubnis die Sachentscheidung dem Opportunitätsprinzip nachgeordnet wird – in der Frage der Fusion der Berliner Zeitungen „Tagesspiegel“ und „Berliner Zeitung“ wurde das allzu deutlich. Aber es gilt auch für den regelmäßigen Ruf nach Einrichtung einer Regulierungsbehörde, wenn der freien Entfaltung der Marktkräfte Grenzen gesetzt werden sollen. Diese Regelungen, Verordnungen, Erlasse, Gesetze sind gewöhnlich das Ergebnis unterschiedlicher Interessen und zugleich der Versuch, diese Interessen unter einen Hut zu bringen.

Dabei bleiben für den Außenstehenden die Diskussionen und Prozesse weitgehend undurchschaubar, selbst wenn Betroffene mit ihren Ideen an die Öffentlichkeit gehen. Denn an den Entscheidungen ist gewöhnlich eine Vielzahl von Personen beteiligt, direkt und indirekt, offiziell und inoffiziell. Der Lobbyist gilt den einen als notwendig, den anderen als inakzeptabler Interessenvertreter. Nicht zufällig wird davon gesprochen, die Demokratie werde durch eine „Expertokratie" überlagert, die Republik reduziere sich zur „Beraterrepublik" und über Politik und Wirtschaft herrsche in vielen Bereichen die „Gutachterindustrie". Denn alle möglichen Gremien und Institutionen reden mit oder versuchen mitzureden. Und nicht wenige Entscheidungsträger, ob Parlamentarier, Regierungsmitglieder oder Beamte, verschanzen sich hinter Experten und Gutachtern. „Sie sollen der Ministerialbürokratie und dem Parlament das Denken abnehmen. Und ihnen fällt der Part des Minenhundes zu, der die Reaktion der Öffentlichkeit testet und Unmut von den politisch Verantwortlichen im Voraus ablenkt", schrieb dazu die Neue Osnabrücker Zeitung 2003. Allerdings lauert, wenn diese Ausarbeitungen in den Wind geschlagen werden, der Vorwurf, der Auftraggeber sei „beratungsresistent", kurzum: unbelehrbar, also ein Ignorant. Und wer hört das schon gern?

Die Flut der Expertisen, Kommuniqués, „Papiere" produzieren jedoch nicht nur die Experten, die direkt berufen wurden. Wolfgang Wiegard, Professor für Volkswirtschaft an der Universität Regensburg und von 2002 bis 2005 Vorsitzender der „Fünf Weisen", des Sachverständigenrats zur Begutachtung der gesamtwirtschaftlichen Entwicklung, nannte diese „Nebenbeschäftigung" (in einem Interview mit der „Zeit") unglaublich interessant wegen der Debatten mit den Kollegen, dem Stab junger Zuarbeiter, den externen Fachleuten. Auch die Experten stützen sich also wiederum auf Experten. Das erinnert an Robert Gernhardts Geschichte vom Vorkoster, den sich ein König hielt. Weil er den Vorkoster sehr gut bezahlte, sah der nicht recht ein, weshalb er etwas riskieren sollte. Also engagierte er sich einen Vor-Vorkoster, der immer noch gut bezahlt wurde. Und auch der fand etwas weniger Geld und ein geringeres Risiko vernünftig. Also heuerte er einen Vor-Vor-Vor-Koster an usw. Der König wunderte sich allerdings zum Schluss, wie klein seine Portionen waren.

Dieses Schicksal erleiden nicht wenige Vorgaben, die Gremien, Beiräten, Sachverständigenräten, Enquetekommissionen, Ausschüssen überantwortet werden. Und an denen mangelt es nicht in der Bundesrepublik. Das reicht von der „Kinderkommission“ bis zum „Beirat für Fragen des Tourismus“. Mit dem Thema „Nachhaltigkeit“ beschäftigen sich allein sechs: der Parlamentarische Beirat für nachhaltige Entwicklung, der Staatssekretärsausschuss für nachhaltige Entwicklung, die Enquete-Kommission nachhaltige Energieversorgung unter den Bedingungen der Globalisierung und der Liberalisierung, der Nachhaltigkeitsrat, die Lokale Agenda 21, aber auch der Wissenschaftliche Beirat für Agrarpolitik, nachhaltige Landbewirtschaftung und Entwicklung ländlicher Räume beim zum Verbraucherministerium umgestylten Landwirtschaftsministerium. Und man mag streiten, ob der Brauch, die Kommissionen, die bestimmte Felder im Auftrag der Regierung oder einer Partei beackern, nach ihren Vorsitzenden zu benennen, aus der Eitelkeit der Beteiligten oder dem Bemühen, der Kommissionsarbeit ein „Gesicht“ zu geben, erwuchs. Die bekannteste, wenngleich kaum die populärste, war die Hartz-Kommission zum Arbeitsmarkt. Außerdem gab es die Rürup-Kommission zur Reform der Sozialversicherungen, Weizsäcker-Kommissionen zur Bundeswehr, zum Fernsehen und zur Verteilung der Flutopferhilfen, die Süssmuth-Kommission zur Zuwanderung, die Herzog-Kommission „Soziale Sicherheit“.

Theoretisch sollen diese Gremien natürlich unabhängig agieren, sich also nicht durch spezielle Loyalitäten zu einer Partei, zur Regierung oder zu den „Sozialpartnern“ gebunden fühlen. Die Praxis sieht allerdings anders aus. Die meisten dieser Kommissionen werden zwar nicht nach Proporz besetzt, aber man billigt den jeweiligen Interessenvertretern ein Vorschlagsrecht zu, das diese selbstverständlich so wahrnehmen, dass ihre Interessen durch einen Abgesandten ihrer Färbung repräsentiert werden. So gehört zu den „Fünf Weisen“ stets ein Professor, den die Arbeitgeber, und einer, den die Gewerkschaften nominieren. Was von ihm erwartet wird, schilderte

2002 „Die Zeit“: „Der Mannheimer Professor Wolfgang Franz, ein hoch angesehener Fachmann für Fragen des Arbeitsmarktes, musste im April 1999 gegen seinen Willen aus dem Gremium ausscheiden. Der Grund: Die Gewerkschaften nahmen Anstoß daran, dass sich Franz den angebotspolitischen, also konservativen Konzepten seiner Kollegen angenähert hatte. Sein ‚gewerkschaftsnaher‘ Nachfolger, Jürgen Kromphardt von der TU Berlin, markiert seinen Standort immer wieder durch Minderheitsvoten.“ Inzwischen hat diesen Stuhl Peter Bofinger, Professor für Volkswirtschaft in Würzburg, eingenommen. Er brachte sich ins Gespräch, indem er Kollegen die Kompetenz absprach. Aber auch Wolfgang Franz ist 2003 in das Gremium zurückgekehrt – auf Vorschlag der Arbeitgeber.

Politikberatung ist natürlich nichts Neues. Mäcenas, heute als selbstloser Förderer der Künstler und der Künste verklärt, war nicht nur Feldherr und Politiker, sondern auch ein enger Vertrauter und Berater von Kaiser Augustus. Kunst und Künstler – das gab es zuvor nicht – waren Teil seiner Strategie, das Ansehen des Herrschers (wie sein eigenes) zu fördern. Das Mäzenatentum entsprach damit in vielen Zügen der heutigen PR-Arbeit und dem Sponsoring. Ein anderes, nicht minder berühmtes Beispiel, ist Niccolo Machiavelli, der gewöhnlich als Zyniker der Macht gilt, weil er illusionslos in „Il Principe“ lehrte, wie die Macht zu gewinnen und wie sie zu behaupten sei. Und nach ihm gab es immer wieder „graue Eminenzen“, die im Hintergrund die Fäden zogen – wie in der deutschen Kaiserzeit Friedrich von Holstein, der Bismarck beriet (und zu seinem Sturz beitrug). Selbst Theodor Adorno hat sich auf dieses Metier eingelassen, indem er für die Bundeswehr ein geheimes Gutachten erarbeitete, mit dessen Hilfe potentielle Antidemokraten herauszufiltern wären – das Wort von der „Gesinnungsschnüffelei“ war damals noch nicht gängige Münze.

Diese individuelle Form der Politikberatung ist im 20. Jahrhundert von der institutionellen abgelöst worden, von den so genannten „Think Tanks“, wissenschaftlichen Instituten, Gesellschaften, Stiftungen, die Gutachten zu bestimmten Themen erarbeiten und gelegentlich auch Lösungsvorschläge parat haben. Einer der ersten, der sich auf die „Futurologie“ einließ und damit weltweit Beachtung fand, war Hermann Kahn mit dem von ihm gegründeten Hudson-Institut.

In Deutschland tummeln sich inzwischen zahlreiche Einrichtungen, an der „Schnittstelle zwischen Politik, Wirtschaft, Gesellschaft, Wissenschaft und Medien" – wie die Deutsche Gesellschaft für auswärtige Politik ihr Wirken programmatisch umschreibt. Das sind u. a. die Stiftung Wissenschaft und Politik (SWP) und das Centrum für angewandte Politikforschung (CAP) neben den Stiftungen der Parteien, der Adenauer-, Ebert-, Naumann-, Seidel-, Luxemburg- und Böll-Stiftung. Und bei Wirtschaftsfragen beruft man sich vor allem auf das Deutsche Institut für Wirtschaftsforschung (DIW), das Hamburgische Weltwirtschafts-Archiv (HWWA), das Institut der deutschen Wirtschaft (IW), das Institut für Wirtschaftsforschung (ifo) und das Institut für Weltwirtschaft (IfW).

Die Beratung ist jedoch kein selbstloser Dienst, sie ist längst ein Geschäft, abhängig von Subventionen und Geldern für Aufträge. Deshalb darf, um den potentiellen wie den konkreten Auftraggeber nicht zu verprellen, „die Schere der politischen Gefälligkeit im Kopf" nicht unterschätzt werden. Diesem „Entgegenkommen" des Beraters auf der einen Seite steht auf der anderen Seite die Auswahl von Experten gegenüber, deren wirtschaftpolitische oder ideologische Vor-Urteile man kennt, sodass die Stoßrichtung des Gutachtens vorgegeben ist und von den eigenen politischen Absichten nicht abweicht. Davon profitierte mit dem Antritt der rot-grünen Regierung das bis dahin als einseitig auf den Ausstieg aus der Atomenergie festgelegte und darum als parteiisch eingeschätzte Darmstädter Öko-Institut. Und das praktizierte Bundesumweltminister Trittin, indem er sofort nach Amtsantritt die deutsche Strahlenschutzkommission (SSK) und die Reaktorsicherheitskommission (RSK) entließ, um die Stellen neu zu besetzen. Dabei kamen vor allem Atomkraftgegner zum Zuge, wie der Diplomphysiker Lothar Hahn, der bereits am Darmstädter Öko-Institut als Gegner der „Atomindustrie" hervorgetreten war. 1999 wurde er Vorsitzender der RSK und Anfang 2002 technisch-wissenschaftlicher Geschäftsführer der Kölner Gesellschaft für Anlagen- und Reaktorsicherheit (GRS). Auch die SSK erhielt, nachdem zuvor bereits die Berufung eines höchst umstrittenen Strahlenmediziners (aus „gesellschaftspolitischen Gründen", wie der Minister einräumte) zum Rücktritt der Vorsitzenden und Protesten führte, 2003 mit Christian Küppers einen neuen Vorsitzenden, der sich zuvor am Öko-Institut in Darmstadt bewährt hatte.

Und der Klügere? Er muss gar nicht nachgeben, weil er gar nicht erst gefragt wird. Bei der paritätischen Mitbestimmung in der Wirtschaft stand der Gedanke eines vernünftigen Ausgleichs zwischen Anteilseignern und Arbeitnehmern Pate. In der Praxis gewannen aber dadurch die Vorstände mehr Macht. Denn einerseits kommt im Aufsichtsrat vieles nicht zur Sprache, weil die Eigentümervertreter kein Interesse haben, dass ihre Vorschläge und Bedenken den Arbeitnehmervertretern bekannt werden. Andererseits aber sind die Vorstände zu Zugeständnissen an die Arbeitnehmervertreter, die meist von den Gewerkschaften benannt werden, bereit, wenn sie sich auf diese Weise eine Mehrheit im Aufsichtsrat sichern können. Das Kontrollgremium wird damit zum Basar.

Angesichts solcher Verquickungen glaubt mancher, die Rettung aus der Misere seien unabhängige Experten, ein unabhängiger Aufsichtsrat. Dem hielt Florian Schilling, ein Unternehmensberater, in der „Frankfurter Allgemeinen" entgegen, dass völlig unabhängig nur der sei, der nichts von dem Unternehmen verstehe, weil er keinerlei Beziehungen zu ihm oder der Branche habe. Nur wie soll er dann das Management sachgerecht beraten und eine wirksame Kontrolle ausüben? Der Altphilologe Albrecht Dihle hob in einem Vortrag hervor: „Die Griechen verstanden rechtes Handeln als unmittelbare Folge rechten Wissens – nicht guten Willens." Denn wenn das rechte Wissen sich dem guten Willen beugt, wenn der Gescheitere nachgibt, hat die Dummheit wieder einen Sieg errungen.

Und die Moral? Man erzählt sich, der Freiherr von Knigge sei bei einer Seereise zu Tode gekommen. Durch unglückliche Umstände über Bord gestürzt, sah er sich einem großen Hai gegenüber. Also zog er das Messer, das er zum Glück in der Tasche trug, und klappte es auf, um sich gegen das unfreundliche Vieh zur Wehr zu setzen. Das öffnete jedoch sein Maul zu den vorwurfsvollen Worten: „Aber

Herr von Knigge, Fisch mit dem Messer?“ Worauf der Freiherr, zweifellos der Klügere in diesem feuchten Duell, nachgab, sein Messer zusammenklappte und sich fressen ließ.

8. Wie die Kinder?

Von Spiel- und Streitregeln – Versöhnung eingeschlossen

„Kinder und Uhren dürfen nicht beständig aufgezogen werden, man muss sie auch gehen lassen."
Jean Paul

„Die benehmen sich ja wie die Kinder!" – dieser Satz ist alles andere als ein Lob. Wird jemand als „kindisch" oder als „Kindskopf" charakterisiert, heißt das, dass man ihn nicht ernst nimmt. Denn das was Kinder tun, wie sie ihrer Phantasie folgen, Realität und Wunschwelt vermischen, in Rollen eintauchen und doch die Wirklichkeit im Auge behalten, erscheint Erwachsenen als irreal, wirklichkeitsfremd, eben „kindisch". Trotzdem wird die Welt der Kinder gern als „verlorenes Paradies" bezeichnet, bleibt sie angeblich der Erwachsenenwelt verschlossen und wird wie das wahre Paradies mit dem Türschild „Eintritt verboten" versehen.

Das Spielerische, die *ménage à trois* von Vernunft, Phantasie und Risikobereitschaft gilt als unseriös. Und Munroe Leafs Stier Ferdinand, der sich nicht an die Spielregeln des Stierkampfes hält, nicht aggressiv ist, sich von dem roten Tuch nicht reizen lässt und sich stattdessen lieber dem Duft der Blumen hingibt, mag zwar ein Kinderbuchklassiker sein, als Management-Fibel wird er nicht empfohlen. Warum eigentlich nicht?

So wie das Kind im Zeitalter der Aufklärung erst langsam als ein Wesen besonderer Art entdeckt wurde, noch nicht Erwachsener, aber auch nicht mehr hilflos wie ein Baby, eigenwillig, oft eigensinnig, musste auch das Spielen als kindliches Tun entdeckt werden. Denn das Spielen der Kinder unterscheidet sich grundsätzlich von dem der Erwachsenen. Es ist nicht auf Gewinn gerichtet, nur selten vom Ehrgeiz beflügelt. Und eine Besessenheit, wie sie Dostojewskijs „Spieler“ an- und umtreibt, kennt es nicht. Das Spiel der Kinder gibt sich scheinbar zweckfrei, obwohl sein verborgener Zweck ist, die Welt zu erfahren, zu erkunden, zu erkennen – und sich zugleich einen Freiraum zu erhalten, der nichts von allem Nützlichen, Zielgerichteten wissen will. Die Hausmusik, da wo sie ohne solistischen Ehrgeiz, ohne die Absicht, mit artistischer Brillanz zu imponieren, allein um der Musik willen ausgeübt wird, kommt dem Spiel der Kinder noch am nächsten.

„Der Mensch ist nur da ganz Mensch, wo er spielt“, schrieb Friedrich Schiller in seiner Abhandlung „Über die ästhetische Erziehung der Menschen“ den Verächtern des Spielens ins Stammbuch. „Im ächten Manne ist ein Kind versteckt: Und das will spielen“, heißt es bei Nietzsche – Christian Morgenstern hat diesen Satz seinen „Galgenliedern“ vorangestellt. Und Johan Huizinga steigerte den Menschen vom „homo sapiens“ über den „homo faber“ zum „homo ludens“. Sollte die Kinderwelt vielleicht doch eine kleine, aber bessere Welt sein? Zeichnet sie sich nicht – normalerweise jedenfalls – durch die Abfolge „spielen, streiten, gewinnen, verlieren, versöhnen“ aus? Durch Spiel- wie durch Streitregeln? Und mag der Verlierer auch eine Weile schmollen, bald ist alles vergessen, und das Spiel kann von neuem beginnen. Außer bei Wilhelm Busch, beim „Napoleonspiel“: „Ne! – schreit der Louis laut und sehr – Napolium spiel ich niemals mehr!!“ Und damit hat er Recht. Denn bei diesem (politischen) Spiel wurde eine der Grundregeln von Anfang an verletzt: der offene Ausgang.

Der aber beunruhigt offensichtlich allzu viele, wenn sie sich Situationen gegenübersehen, die ungewohnt und nicht zu beherrschen sind. Das gilt besonders für jene Männlichkeitsrituale, bei denen die Gefahr droht, „das Gesicht zu verlieren“ – was keineswegs nur für asiatische Länder typisch ist. Deshalb trauert noch so mancher jenen Zeiten nach, in denen, wenn es die „Ehre“ zu verteidigen galt, ein paar Pistolen oder Säbel das geeignete Mittel waren, eine Beleidigung aus der Welt zu schaffen. Davon zehren Opern von Verdis „La Traviata“ über Tschaikowskijs „Eugen Onegin“ bis zur „Arabella“ von Richard Strauss. Auch der Literaturkanon müsste auf Erzählungen wie Puschkins „Schuss“, Lermontows „Ein Held unserer Zeit“, Tschechows „Das Duell“, auf Dramen wie Schillers „Kabale und Liebe“ und Schnitzlers „Liebelei“, auf Romane wie Fontanes „Effi Briest“ oder Thomas Manns „Zauberberg“ und viele andere verzichten.

Mit dem Duell war die Gliederung der Gesellschaft in Stände verbunden, die durchaus als gottgegeben betrachtet wurden. Denn „satisfaktionsfähig“ waren nur die „höheren Stände“, im Prinzip also der Adel und die Offiziere. Dazu kamen als „Nachwuchs“ die Studenten, die die schlagenden Verbindungen auf diese Seite ihres künftigen Lebens vorbereiteten. Fatal wurde es bei dieser Hierarchie, wenn jemand, der zu den satisfaktionsfähigen Kreisen gehörte, von jemandem beleidigt wurde, der nicht satisfaktionsfähig war. In seiner Erzählung „Leutnant Gustl“ spielt Arthur Schnitzler das distanziert ironisch durch. Angesichts solcher Gesellschaftsstrukturen tangierte der Zweikampf zur Wiederherstellung der Ehre natürlich auch die hohe Politik. Alexander Hamilton, einer der drei Autoren der „Federalist Papers“, starb wie Ferdinand Lassalle an den Folgen eines Duells. Bismarck sah sich mehrfach Duellforderungen gegenüber und forderte selbst Rudolf Virchow, den berühmten Arzt und Reichstagsabgeordneten. Der ging darauf jedoch nicht ein. Und Bismarck wurde vom König in einem langen Gespräch, „von dem der Adjutant fern gehalten wurde“ unter Druck gesetzt, bis er schließlich auf die Forderung mit Rücksicht auf sein Amt verzichtete. Denn, so erklärte er dazu, „wenn ich tot geschossen würde, risse ich ein großes Stück Königtum mit ins Grab.“

Man mag darüber streiten, ob der gängige Ausdruck, „jemanden abschießen“ auf das Duellieren zurückzuführen ist. Schließlich soll es durchaus Fälle gegeben haben, in denen ein Mann bewusst provoziert wurde, um ihn unmöglich zu machen. Die Forderung Puschkins durch d’Anthès zeigt Züge einer solchen Intrige. Und das war sicher nicht der einzige derartige Fall. Schließlich hat sich bis heute ein recht ähnlicher Brauch erhalten. So manches, was als Streitgespräch, Diskussion, Debatte deklariert wird, läuft auf nichts Anderes als eine wortreiche Konfrontation hinaus, die im 19. Jahrhundert sofort zu einem Ehrenhandel geführt hätte. Solche Wortgefechte, die nicht auf die Worte des anderen eingehen, gleichen deshalb eher jenen gegenseitigen Beschimpfungen, die den antiken Schlachten vorausgingen. Auch sie wollten nicht den Gegner mit Worten, gar mit Vernunftgründen überzeugen, sondern die Moral der eigenen Truppe stärken, indem man die Ehre des Gegners in Zweifel zog, ihn schmähte und herabsetzte.

Das galt jedoch nur vor der Schlacht. Danach hatte der Sieger kein Interesse mehr, den Feind klein, schwach, vielleicht sogar feige zu zeichnen. Denn dann wäre der Sieg ja nichts Besonderes gewesen, hätte man sich nur auf eine Art Polizeiaktion und nicht auf einen Kampf, der Ruhm und Ehre mehren sollte, eingelassen. Auch dafür gibt es heutzutage Parallelen. Erinnert sei nur an jene, denen im Theater nichts an einer Erzählung, einer Parabel oder einer dramatischen Spiegelung von Vergangenheit und Gegenwart liegt, denen das Schauspiel als „moralische Anstalt“ im Schillerschen Sinne höchst suspekt ist, weil sie noch immer glauben, der theatralischen Güter höchstes sei die Provokation, wiewohl das „épater le bourgeois“ als literarischer Bürgerschreck inzwischen ein volles Jahrhundert auf dem Buckel hat.

Damit kommen dann wieder die Kinder ins Spiel. Die erkennen, selbst wenn sie noch klein sind, sehr schnell, mit welchen Wörtern, mit welchen Gesten sie die Erwachsenen schrecken können. Deshalb wiederholen sie dieses „Spiel“ immer wieder. Auch dann, wenn sich Oma und Opa, Tante und Onkel, die zuerst noch den Ausdruck des Entsetzens erkennen ließen, längst gelangweilt abwenden. Schließlich nutzt sich, was Kinder offensichtlich nicht so schnell merken – und die Provokateure vom Dienst auch nicht – alles, was Aufsehen zu erregen trachtet, recht schnell ab. Das Timing, der richtig gewählte Augenblick und die sukzessive Steigerung der Effekte, ist darum die Voraussetzung einer überraschenden Wirkung.

Diese Kunst beherrschten die Komiker des Stummfilms perfekt. Allerdings ging ihnen auch ein Team von *gagmen* zur Hand, die aus jeder Situation, mochte sie noch so banal sein, komische Effekte herauszukitzeln verstanden. Buster Keatons Kampf mit einem Bordliegestuhl in „The Navigator“ ist ein typisches Beispiel. Die Szene beginnt mit dem lässig daherschlendernden Buster, der überzeugt ist, den Stuhl im Nu entfaltet und aufgestellt zu haben. Daraus entwickelt sich ein Kampf Mann gegen Objekt, den jeder nachzuvollziehen vermag, der solch einen alten Liegestuhl im Garten hat. Nur gewinnt der Film den beweglichen Teilen des Stuhls eine Fülle grotesker Skulpturalität ab, die stets den Nachteil hat, dass sie nicht als Sitzmöbel zu verwenden ist. Als Buster schließlich das Unmögliche doch zustande gebracht hat und der Stuhl steht, setzt er sich erleichtert mit dem gewohnt stoischen Gesicht hinein. Der Stuhl aber, scheinbar besiegt, erweist sich als Triumphator, indem er nach kurzem Zögern in sich zusammenfällt.

Ein anderes Beispiel für das richtige Timing ist ein recht angejahrter Witz. Irgendwann hat man ihn zum ersten Mal gehört: Da sitzen vier Männer im Zug, die schon eine kleine Ewigkeit lang gemeinsam morgens zur Arbeit und abends nach Hause fahren. Ein neu Hinzugekommener erlebt erstaunt, wie sie sich Zahlen zurufen und darüber in Lachen ausbrechen. „Was ist an 5, 27 oder 54 so komisch?“, fragt er schließlich. „Ganz einfach: Weil wir uns schon so lange kennen, kennen wir auch alle unsere Witze. Also haben wir sie kurzerhand durchnummeriert und ersparen uns damit die umständliche Erzählerei.“ Diese Pointe ist bereits beim zweiten Mal verbraucht. Aber es gibt eine Steigerung: „87“, sagt plötzlich einer verschmitzt. Und die anderen drei scheinen sich nicht fangen zu können vor Lachen. Wieder die Frage: „Was ist bei 87 denn so besonders komisch?“ – „Auch ganz einfach: Den kannten wir noch nicht!“ Und dann: „42“ wirft einer in die Runde. Aber keiner verzieht das Gesicht. Allenfalls lässt sich Langeweile registrieren. „Was hat es denn mit 42 auf sich“, will der Neuling wissen, „warum lacht ihr nicht?“ – „Wieder ganz einfach: Es kommt vor allem darauf an, wie man einen Witz erzählt!“

Wer redend Aufmerksamkeit gewinnen will, ist auf solche rhetorischen Tricks und das richtige Timing angewiesen. Dasselbe gilt für alle Verhandlungen. Wer gleich im ersten Satz alles verrät, muss sich nicht wundern, wenn er bald darauf in gelangweilte Gesichter schaut. Dagegen sind offenbar nur Diplomaten und Politiker gefeit. Denn die müssen sich mehr als einmal dieselben Wörter, dieselben Floskeln, dieselben Witzchen anhören. In der DDR gab es deshalb zwei Zeitmaße für das Immergleiche. Das eine war ein „Schn", der kurze Moment, den man brauchte, um nach dem Spielfilm den Fernseher auszuschalten, bevor der Ansager den „Schwarzen Kanal" angekündigt und den Namen von Eduard von Schnitzler ganz ausgesprochen hatte. Das andere war ein „Ulb", eine Zeitspanne, in der man so manches erledigen konnte, denn sie bezeichnete die gute Viertelstunde, die eine Rede von Ulbricht noch zu dauern pflegte, nachdem er angekündigt hatte: „Ich komme jetzt zum Schluss ..."

Politik – und erst recht das Vermitteln politischer Ideen – ist eben alles andere als ein „Kinderspiel". Der Sozialökonom Max Weber hat das in seinem Vortrag über „Politik als Beruf" (1919) abschließend mit dem Satz zusammengefasst, der immer wieder zitiert wird: „Die Politik bedeutet ein starkes langsames Bohren von harten Brettern mit Leidenschaft und Augenmaß zugleich." Aber er fährt fort: „Es ist ja durchaus richtig, und alle geschichtliche Erfahrung bestätigt es, dass man das Mögliche nicht erreichte, wenn nicht immer wieder in der Welt nach dem Unmöglichen gegriffen worden wäre." Dass das nur selten hinzugefügt wird, ist verständlich. Denn im politischen – und damit auch im diplomatischen – Alltag bescheidet man sich nur zu oft nicht allein mit dem Möglichen, sondern geht noch darunter. Wie oft wird nach einer internationalen Konferenz, die die Lösung eines Weltproblems auf ihre Fahnen geschrieben hatte, als „gute Nachricht" verkauft, man habe sich geeinigt, obwohl das höchst schwierig gewesen sei und vielerlei Widerstände überwunden werden mussten, dass man sich in drei, fünf oder sieben Monaten erneut zusammensetzen wolle. Die Sechser-Gespräche mit Nordkorea über dessen bedrohliche Atomrüstung sind ein Beispiel für diesen „Fortschritt im Auf-der-Stelle-Treten".

Dahinter steckt das „Konferenz-Syndrom", gegen das viele Verhandler offensichtlich nicht gewappnet sind: Man sitzt sich an einem Tisch gegenüber. Stunden, Tage, Wochen. Meist in einer angenehmen, wenn nicht sogar behaglichen Atmosphäre. Man lernt den anderen kennen. Man möchte ihn nicht enttäuschen, weil man weiß, dass er ein Ergebnis mit nach Hause bringen muss. Und man selbst sollte ja auch nicht mit leeren Händen zurückkehren. Aber man vermag sich nicht über grundsätzliche Fragen zu einigen. Also einigt man sich, damit man nicht ein Scheitern aller Bemühungen eingestehen muss, dass man sich ein andermal zu einigen versuchen werde. Diese Diplomatie des Aufschiebens und Vertagens hat leider noch nicht einmal den Reiz der schönen Scheherazade, der wir die Erzählungen aus „Tausendundeiner Nacht“ mit immer neuen, überraschenden Wendungen verdanken. Sie ereicht lediglich das Niveau von Kinderversen wie „Ein Hund lief in die Küche…“, deren Witz darin besteht, dass das Ende der Anfang derselben Geschichte ist. Man verzichtet, wie Jean Paul warnt, zwar auf das beständige Aufziehen, aber das Gehen-lassen wird zum Sich-gehen-lassen.

Und die Moral? Die Prinzessin musste, schließlich hatte es ihr Vater, der König, energisch befohlen, das Bett mit dem Frosch teilen, der ihr den goldenen Ball aus dem Brunnen wiedergebracht hatte. Doch am ersten Abend konnte sie sich nicht überwinden, ihn zu küssen. So sagte sie ihm, sie sei müde, aber morgen sei ja auch noch ein Tag. Am folgenden Tag ging es ihr nicht besser. Man werde sich schon einigen, sagte sie dem Frosch, deshalb müsse man nichts übereilen. Und am dritten Tag? Da hatte sie sich entschlossen, tatsächlich den grünen glitschigen Frosch zu küssen. Und was sah der Vater, als er sie am Morgen wecken wollte? Zwei Frösche im Bett.

9. Um Meinungen feilschen?

Von Auktionen, vom Profit und von allerhand populären Irrtümern

„Heutzutage kennen die Leute von allem den Preis und von nichts den Wert."
Oscar Wilde

Der Satz von Oscar Wilde wird gern und oft zitiert. Vor allem von denen, die meinen, den Wert einer Sache beurteilen zu können – weil sie den Preis nicht zu zahlen vermögen. Das gilt für materielle Güter genauso wie für geistige. Denn auch Ideen – und besonders Ideologien – haben ihren Preis. Deshalb kommen sie uns teuer zu stehen. Das lehrten im 20. Jahrhundert Faschismus, Nationalsozialismus, Sozialismus/Kommunismus. Jedoch: Was ist der Wert? Wie drückt er sich jenseits des Preises aus? Ist er aus wissenschaftlichen Abhandlungen zu erfahren? Oder aus populären Darstellungen – wobei in deutschen Landen das Populäre stets in dem Verdacht steht, journalistisch oder feuilletonistisch, also nicht ernsthaft zu sein?

Aber vielleicht ist ein solcher populärer Zugang noch am ehesten geeignet, den Wert der Waren, die auf den Meinungsmärkten gehandelt werden, ein- und abzuschätzen. Dazu bietet sich ein Prinzip an, das sich beim Handel mit Gegenständen des Alltags wie der Kunst bewährt hat: die Auktion. Die traditionelle Methode ist die Steigerung. Man beginnt mit einem Einstandspreis. Und jeder erhöht sein Gebot, bis auch der letzte Mitbieter aussteigt. Man macht also Zugeständnisse in Geld, um zu erlangen, was man begehrt. Und nur der Unterlegene in diesem Bietgefecht wird behaupten, dass Preis und Wert differierten. Das Beispiel lässt sich durchaus auf eine Verhandlungssituation übertragen. Denn auch da werden Zugeständnisse gemacht, geldwerte oder ideelle, um zum Ziel zu kommen: zu einem Auftrag, einer Funktion, einer Beteiligung, einem Mandat.

Aber es gibt auch den umgekehrten Weg, die „verkehrte Versteigerung“, wie sie in Holland lange üblich war und heutzutage gelegentlich noch bei Blumenversteigerungen oder im Internet praktiziert wird. Da beginnt der Auktionator mit einem hohen Preis. Findet sich dafür kein Kaufwilliger, reduziert er langsam die Summe. So lange, bis jemand die Ware für den zuletzt genannten Betrag akzeptiert. Dabei ist Menschenkenntnis gefordert, um die Mitbieter richtig einzuschätzen, und Reaktionsschnelligkeit, wenn die Gebote in eine angemessene Region kommen. Denn wer zu zeitig die Hand hebt, zahlt zu viel, wer zögert, geht leer aus. Dieses Modell floriert besonders auf dem Markt der Politik. Alle Koalitionsverhandlungen starten mit dem höchsten Preis, den Maximalforderungen, von denen alle Beteiligten wissen, dass sie nicht realistisch sind. Also werden Abstriche gemacht, wird zuerst auf eine Nebensache verzichtet, dann auf Wesentlicheres, zwischendurch vielleicht auch auf Spielmaterial, das in die Agenda nur aufgenommen wurde, um aufgegeben zu werden. So geht es weiter, bis der schwächere Partner, um nicht ausgeschlossen zu werden, zustimmt.

Da politische Verhandlungen – anders als diplomatische – nicht endlos hinausgezögert werden können, lassen sie sich auch mit einer dritten, wenngleich inzwischen unüblichen Auktionsvariante vergleichen. Der britische König William II. hatte dieses Verfahren, „sale by candle“ genannt, für die Anlandungen der *East India Company* angeordnet. Das war ein Geduldsspiel eigener Art, bei dem einer Kerze die Hauptrolle zufiel. Den Zuschlag erhielt, wer das letzte Gebot abgegeben hatte, bevor die Flamme verlöschte. Das entspricht einer Session, die sich an einen strikten Zeitrahmen zu halten hat. Man kennt das von Sitzungen, die mangels Einigung nicht mit dem üblichen Feierabend enden, sondern sich über Mitternacht oder bis in den frühen Morgen hinziehen, um am Stichtag ein Ergebnis präsentieren zu können. Gewinner wird dabei, wer angesichts des Zeitlimits nicht die Ruhe und nicht die Nerven verliert.

Schließlich gibt es noch eine vierte Form, die „amerikanische Versteigerung“. Aber da sind Ähnlichkeiten mit politischen oder wirtschaftspolitischen Rencontres nicht gegeben. Bei einer solchen Auktion hat jeder Bieter den Steigerungsbetrag sofort *a fond perdu* einzuzahlen. Das Objekt erhält, wer als Letzter die Summe erhöhte. Zur Spielregel gehört deshalb, dass sich jeder Bieter von Anfang beteiligen muss, weil sonst derjenige, der erst in der Endphase einstiege, einen unbilligen Vorteil hätte. Bei solchen Versteigerungen geht es mehr um das Geld, das eingenommen, als um die Sache, die ausgeboten wird. Gewöhnlich organisiert man sie für einen guten Zweck bei Benefiz- oder Wohltätigkeitsveranstaltungen, appelliert also an die Spendenfreudigkeit und nicht an die Besitzgier.

Dieses „Viel-geben-nichts-nehmen“ lässt sich kaum mit einem Meinungsstreit vergleichen. Allerdings ähnelt es gelegentlich dem Verhalten von Aktionären bei unsicherer Börse. Wobei ihr Geben, die Verluste, nicht der Rationalität, sondern einer Emotionalität zuzuschreiben sind, die dem Zug der Lemminge gleicht. Psychologen haben herausgefunden, dass viele eine bestimmte Aktie erst kaufen, wenn ihr stetiger Aufwärtstrend einen scheinbar kontinuierlich steigenden Kursgewinn verspricht. Doch meist ist zu diesem Zeitpunkt bereits der Zenit erreicht, weil das Papier überschätzt und damit überbewertet wird. Fällt es nun in einer langsamen Abwärtsbewegung unter den Einstandspreis, wird es in der Hoffnung auf einen neuen Höhenflug gehalten. Da die Hoffnung jedoch nicht mit Geduld verschwägert ist, kommt es irgendwann zum Verkauf. Infolgedessen gibt der Kurs weiter nach. Damit ist die Aktie unterbewertet und für jene attraktiv, die auf eine Erholung setzen, weil sich die Situation der Firma, um deren Anteilscheine es geht, bei diesem Auf und Ab nicht geändert hat. Denn an der Börse – allen Beschwörungen des „homo oeconomicus“ zum Trotz – wie in vielen Sitzungssälen wird der Geist der Rationalität häufig von den Geistern des Gefühls verdrängt.

Damit stellt sich die Frage, ob statt des Auktionssaales nicht eher der Basar als hilfreiches Modell dienlich sein kann. Schließlich ist das Feilschen kein bierernster Wettkampf, sondern ein Spiel mit lockeren Regeln, bei dem jeder jederzeit aussteigen darf. Man muss sich dazu ja nicht jene Karikatur von Ronald Searle als Beispiel nehmen, auf der eine typische Touristin zur anderen ebenso aufgedonnerten Touristin in einem Basar sagt: „Du musst feilschen, sonst halten sie uns für Ausländer!" Bei diesen Kaufverhandlungen gibt es normalerweise keinen Sieger und keinen Verlierer, sondern nur zwei geduldige Kontrahenten, die wort- und gestenreich den Preis einer Sache ermitteln, sich dabei Zeit lassen, abschweifen, Familiengeschichten erzählen, einen Kaffee trinken, und noch einen, bis man sich geeinigt hat oder – was allerdings selten ist – ohne Abschluss auseinander geht. Der Preis der Ware liegt trotzdem weitgehend fest. Der Käufer kennt ihn und der Verkäufer auch. Allerdings ist er nicht für jeden Käufer gleich. In Hongkong heißt es, gibt es für alles drei Preise. Einen niedrigen, den die Einheimischen zahlen. Einen mittleren, auf den man sich feilschend mit den Europäern oder Amerikanern einlässt. Und einen hohen für die Japaner, weil sie das Spiel nicht mitzuspielen vermögen und zahlen, was im ersten Moment gefordert wird. Sonst aber einigt man sich auf einen Wert, bei dem den Verkäufer die Weitergabe nicht schmerzt – mag er auch diesen Eindruck klagend zu erwecken versuchen. Und zugleich ist das der Wert, der dem Käufer angemessen erscheint – wiewohl er, das gehört zum Spiel, jammern wird, er habe sich ruiniert, um den Verkäufer nicht zu ruinieren.

Um eines kommt der Käufer allerdings nicht herum: Er muss sich entscheiden. Buridans Esel, der zwischen zwei Heuhaufen verhungert, weil er sich nicht entschließen kann, den rechten oder den linken zu bevorzugen, sollte ihm eine Warnung, kein Vorbild sein. Und ob er sich mit Herkules am Scheideweg identifiziert, der – schließlich ist er ein Halbgott und Tugendbold, wenngleich zeitweilig mit Jähzorn geschlagen – den harschen Pfad der Tugend statt den bequemen Weg des Luxus' und Wohllebens wählt, mag als Charakterprobe durchgehen. Nicht zuletzt, weil jeglicher Hedonismus auch heute noch als verwerflich gilt, während Verzicht und Entsagung den edlen Charakter zieren – nicht unbedingt in der Praxis, aber allenthalben in Worten. Entsprechend dem Satz: „Ihm war kein Opfer zu groß – das andere brachten." Und: „Er verachtete jeden Gewinn – der ihm nicht zuteil wurde."

Wer das Moralisieren der Moral vorzieht, liebt Wörter wie „Gewinn", „Profit", „Kommerz" als Wunderwaffen wider eine Welt von

Feinden. Entsprechend der – unausgesprochenen – Bescheidenheitsfloskel „arm und ehrlich“ unterstellt man allen, die nicht arm sind, Unehrlichkeit und Unehrenhaftes. Bereits dem „Gewinn“ wird – im Gegensatz zum „ehrlich erarbeiteten“ Lohn oder Gehalt – nachgesagt, er würde leichthin und nicht „im Schweiße des Angesichts“ erzielt. Der „Profit“ gilt, seit Marx ihn mit dem Mehrwert gleichsetzte, den sich der Kapitalist durch Ausbeutung der Proletarier aneignet, als Inbegriff für unfair und zu Unrecht kassierte Gelder, obwohl eine Firma, die keinen Profit macht, bald auch keine Arbeiter mehr zu beschäftigen vermag, weil sie pleite ist. Aber Einsicht in wirtschaftliche Zusammenhänge gehört nicht zu den allgemeinen Tugenden politischer Argumentation. Da sind Wörter und Wortverbindungen wie „profitgierig“, „Profitstreben“, „Profitsucht“ oder „dicke/fette Profite einstreichen“ weit eher zu hören.

Auch „Kunst und Kommerz“ werden gern als These und Antithese betrachtet, die keine Synthese dulden. Denn alles Kommerzielle gilt als verwerflich. Die beamtenähnlich abgesicherten Disc-Jockeys der öffentlich-rechtlichen Radio- und Fernsehanstalten haben dafür ein feines Doppeldenken entwickelt. Einerseits klagen sie, dass ein guter Jazzmusiker eigentlich vom Jazz allein nicht leben könne, andererseits mokieren sie sich über jene, die sich auf „Kommerzielles“ einlassen und damit Erfolg haben. Kunst hat brotlos zu sein, erklären mit Vorliebe die, die satt zu essen haben. Sie verachten zwar die Aristokratie, nicht aber das aristokratische „Von Geld spricht man nicht, Geld hat man!“ Sie spotten über die Neureichen, über die Raffkes, die zeigen, dass sie Geld haben. Distanzieren sich von den „Besserverdienenden“, denen sie sich selbstverständlich nicht zurechnen. Und sie bedauern jene, die Geld für Dinge ausgeben, die ihnen Spaß machen, als Opfer des „Warenfetischismus“. Abhängig von den „Fetischen des Konsums“ seien sie nämlich unfähig, ihre wahren Bedürfnisse zu erkennen.

Solches Doppeldenken feiert allenthalben fröhliche Urständ, wenn es im Radio wie im Fernsehen um die Zuschauerquoten geht. Dass kommerzielles Fernsehen mieses Fernsehen sei, privater Rundfunk nur Dudelwellen sende, gilt als unumstrittene Wahrheit. Und wenn diese Programme in der Publikumsgunst höher als die öffentlich-rechtlichen rangieren, wird das als Beweis für den schlechten Geschmack der Hörer und Zuschauer genommen, den diese Sender hemmungslos unterbieten. Die eigenen Quoten sind dagegen über jeden Zweifel erhaben. Sind sie hoch, bestätigt das nur, dass Qualitätsprogramme ihr Publikum haben. Sind sie niedrig, ist das Publikum diesen Qualitätsmaßstäben nicht gewachsen – getreu der Faustregel: „Sahen uns viele, waren wir gut, sahen uns wenige, waren wir zu gut."

Diese Dialektik der Rechthaberei ist auf allen Feldern der Kultur heimisch. Ein Maler, der seine Bilder verkauft, kann kein guter Maler sein. Ein Film, der hohe Besucherzahlen erreicht, ist gewiss ein Hollywoodschinken oder hat sich dieser Machart unterworfen. Ein Theater, das sein Publikum nicht permanent vor den Kopf stößt, wird als Unterhaltungsbühne abgetan. Und besonders verdächtig ist jeglicher Wohlklang im Konzertsaal oder Opernhaus. Denn: Über Geschmack lässt sich streiten, aber nicht über Geschmacklosigkeit. Und was als geschmacklos zu gelten hat, kann nicht dem Bürger anheim gestellt werden, das dekretieren allein die Kunstrichter. Schließlich beherrschen sie das Wort und die Kunst, Widersprüche dialektisch aufzulösen. In Sachen Musik kann das heißen: Die historische Aufführungspraxis, die nicht nur auf alte Spielweisen, sondern auch auf alte – oder den alten nachgebaute – Instrumente zurückgreift, ist authentischer als eine Hammerklaviersonate auf einem Konzertflügel. Eine Verdi- oder Rossini-Oper jedoch so wie zu Verdis oder Rossinis Zeiten aufzuführen, wäre eine unverzeihliche Sünde. Deshalb stolzieren Ritter mit Maschinenpistolen in SS-Uniformen, Piraten als Terroristen im Tarnanzug, antike Götter und Göttinen als Punker und Mozarts Liebhaberinnen als Huren über die Bühne. Würde man eine solche unhistorische Umdeutung nur einmal sehen, könnte sie amüsieren. Nur leider ist das inzwischen Stadt- und Staatstheaterroutine.

Das Manko zeitgenössischer Kunst, selbst in den oberen Etagen, ist ihr Hang, sich zu wiederholen und die Wiederholung zum Markenzeichen zu stilisieren. Also malt Baselitz seine Motive stets kopfunter, muss Uecker zu ordentlich großen Nägeln greifen, Christo alles verpacken oder mit im Wind wehenden Stoffbahnen dekorieren,

Oldenburg Riesen-Werkzeuge in die (Stadt-)Landschaft setzen, Lichtenstein dem Comic-Raster vertrauen, Nitsch mit Blut panschen und Rainer alles übermalen. Das hat den Vorteil, dass es leicht wieder zu erkennen ist. Wer in ein Haus kommt, in dem unverkennbar ein Richter oder Polke an der Wand hängt, der mag zwar nicht den Wert dieser Kunst zu schätzen wissen, aber auf den Preis kann er sich einen Reim machen.

Diese Variationen des Immergleichen dürfen deshalb auch eine Art Copyright beanspruchen. Dass ein Unbekannter Rainersche Übermalungen übermalte oder, wie Rauschenberg einst eine de-Kooning-Zeichnung ausradierte, nun eine Rauschenberg-Zeichnung ausradiert, gleicht einer Majestätsbeleidigung. Jeder hat sich was Neues auszudenken, hat eine eigene Marke zu kreieren, sollte bei null beginnen. Ein Ausstellungstitel wie „Kunst und Können" – gezeigt wurden Graphiken von Schongauer, Dürer und Rembrandt – ist eine Zumutung. Das Handwerk der Kunst wird nur dem verächtlich betrachteten Kunsthandwerk zugestanden. Schließlich zählt nicht die Dauer eines Werkes, sondern sein Überraschungseffekt. Dem Neuigkeitsfanatismus entspricht deshalb eine Geschwindalterung. Da ist es nur konsequent, wenn es beim ZKM in Karlsruhe ein „Labor für antiquierte Videosysteme" gibt, das seine Aufgabe unter den Titel stellt: „40 Jahre Videokunst – Rettung des kulturellen Erbes im Bereich der elektronischen Bilder". In dem Satz „Nichts ist so alt wie die Zeitung von gestern" darf man getrost „Zeitung" durch „Kunst" ersetzen.

Mit dieser Alterung kann ein drastischer Preisverfall einhergehen. Die „Neuen Wilden", einst hoch gelobt und gut bezahlt, haben inzwischen keinen Markt mehr – es sei denn, sie weichen wie Elvira Bach in die Nippes-Konfektion aus. Entsprechendes gilt für die Staatsmaler der DDR, die in den siebziger, achtziger Jahren überaus gut honoriert wurden – auch wenn dabei die SED-Regierung den Hauptanteil kassierte. Mit einem solchen Kunstkauf konnte man *en passant* ein Stück linker, sozialistischer Gesinnung demonstrieren. Und für Firmen, die Geschäftsverbindungen zu den volkseigenen Betrieben pflegten, mochte es um Schuhe oder Schokolade gehen, machte es sich gut, die offiziellen Künstler in der Firmensammlung zu haben. Seit der Wende gelten diese politischen Preise jedoch nicht mehr. Also sind die Auktionshäuser kaum an dieser Ware interessiert. Es mag sein, dass sie einen Wert hat, jedoch nur bedingt einen Preis.

Aber nicht nur die Ware, die passé ist, findet bei Auktionen plötzlich kein Interesse mehr. Das passiert regelmäßig auch den Stars der Szene. Dafür kann es viele Gründe geben: weil das einzelne Werk nicht dem „Markenzeichen" entspricht, weil das Angebot zu groß, die Nachfrage zu gering ist, weil der Verkäufer ein zu hohes Limit festgelegt hat, weil die Kunst-Mode wechselte. Nur wird das gewöhnlich kaum zur Kenntnis genommen. Die Versteigerer wie die Galeristen legen natürlich keinen Wert darauf, dass solche Rückgänge oder das Nachlassen der Preise publik werden. Sie beschränken sich darauf, mit Rekordzuschlägen an die Öffentlichkeit zu gehen. Und sie schätzen Statistiken, die mit einer steil nach oben weisenden Kurve einen permanenten Wertzuwachs für einen Künstler zu belegen scheinen. Nur anders als auf dem Aktienmarkt, wo in die Statistik auch die nachlassende Nachfrage eingeht, bilden die Kunstmarkt-Statistiken allein die Erfolgsseite ab, tun sie so, als ob das, was sich nicht verkaufen lässt, auf dem Markt nicht mitspielt.

Infolgedessen entsteht – und da unterscheidet sich der Kunsthandel nicht von der Industrie – der Eindruck, dass die Gewinne hoch, wenn nicht gar „unanständig" hoch seien. Umfragen belegen das immer wieder. Die Mehrheit der Bürger glaubt, dass ein Unternehmen, wenn es 100 Euro umsetzt, davon ein Fünftel, also 20 Euro, in die eigene Tasche stecken kann – als „Profit", denn dieses Wort steht mehr noch als der „Gewinn" im Geruch des Üblen, des Unrechtmäßigen, des Übervorteilens. Das war jedoch zu keiner Zeit realistisch. In den siebziger und achtziger Jahren waren es 2,5 bis 3 Prozent, die nach allen Einstandskosten und Abgaben, davon ein gut Teil Steuern, übrig blieben. 1993 sogar nur noch 1,2 Prozent. Bis 1999 stieg die Umsatzrendite wieder auf zwei Prozent, also auf ein Zehntel dessen, was die Firmen nach weit verbreiteter Meinung kassieren.

Solche Vorurteile lassen sich kaum ausräumen. Diejenigen, die nicht wissen, aber zu wissen glauben, lesen kaum den Wirtschaftsteil einer Zeitung. Und die Wirtschaftssendungen im Rundfunk und im Fernsehen neigen – wo sie sich nicht, wie mit den Börsenberichten, an eine Fachklientel wenden – eher zu Themen à la „Der übervorteilte Verbraucher". Das ist attraktiver, als sich der Mühsal zu unterziehen, solche Irrtümer zu korrigieren. Deshalb konnte die SPD im April/Mai 2005 vor den Wahlen in Nordrhein-Westfalen mit ihrer Kapitalismus-Verdammung, der „aufklärerische" Intentionen kaum nachzusagen waren, auf Stimmenfang gehen. Das Bild, das letztlich jedoch nicht verfing, glich dabei einer Auktion. Allerdings mehr einer holländischen Versteigerung, bei der man die sachlichen Argumente so lange reduzierte, bis die Wahlversprechen mit den vermuteten Vorurteilen der Wähler übereinstimmten. Und Wahlversprechen kann man nicht einklagen.

Trotzdem ähneln sie den Versteigerungsbedingungen, wenngleich die justitiabel sind. Darin steht gewöhnlich, dass das Eigentum an der Ware bis zur vollen Bezahlung beim Verkäufer bleibt, das Risiko jedoch mit dem Zuschlag auf den Erwerber übergeht. Lässt ein Angestellter des Auktionshauses die Porzellanvase, nachdem sie einem Bieter mit dem üblichen „... und zum Dritten" zugeschlagen wurde, fallen, sodass sie in tausend Stücke zerspringt, ist der, der sie ersteigert hat, der Dumme. Genauso geht es dem Wähler, der den Wahlversprechen traute. Wenn er seine Stimme abgegeben hat, muss er alle Risiken und Nebenwirkungen, die daraus entstehen, tragen und ertragen, er kann klagen, aber nicht verklagen.

Und die Moral? Äsop erzählt in seinen Fabeln, wie sich Hermes eines Tages inkognito unter die Menschen mischte, um zu erfahren, welches Ansehen er bei ihnen hätte. Darum ging er in die Werkstatt eines Bildhauers. Dort sah er eine Zeusstatue und fragte, was sie koste. Als jener zur Antwort gab: „Eine Drachme", fragte Hermes lachend: „Und die Hera dort?" – „Die ist teurer." Da entdeckte er auch ein Standbild von sich selbst und dachte: Die Menschen schätzen mich sicherlich hoch ein; ich bin ja Götterbote und Bringer des Gewinns. So fragte er wiederum nach dem Preis, und der Bildhauer erwiderte: „Nun, wenn du die beiden kaufst, erhältst du den als Zugabe."

10. Ja, ja, nein, nein?

Vom Entweder-Oder und von praktischen Schubladen

„Er tat, was er konnte, um zu verbergen, dass er nicht konnte, was er tat.“
Gabriel Laub

Nicht nur die Bibelfesten kennen das Wort aus dem Matthäus-Evangelium: „Eure Rede sei: ‚Ja, ja, nein, nein‘. Was darüber ist, das ist vom Bösen.“ Schön wäre es, wenn die Welt so einfach wäre. Allerdings lässt sich nicht bestreiten, dass viele sich die Welt so einfach machen. Auch da dient Matthäus als Eideshelfer. Denn bei ihm ist zu lesen, Jesus habe gesagt: „Wer nicht für mich ist, ist gegen mich.“ Der Evangelist Markus findet demgegenüber weit weniger Beachtung, obwohl er demselben Herrn den Satz zuschreibt: „Wer nicht gegen mich ist, ist für mich.“ Das erfordert schließlich eine Differenzierung, die von den Schmerzen des Nachdenkens begleitet wird.

Deshalb ist es bequemer, sich der Vorstellung hinzugeben, es könne, es dürfe stets nur ein Ja oder ein Nein, also lediglich zwei einander ausschließende Positionen geben. Kurt Tucholsky hat das, auf Bürger und Staat bezogen, in der Formel zusammengefasst: „Deutschlands Schicksal: vor dem Schalter zu stehen. Deutschlands Ideal: hinter dem Schalter zu sitzen“. Auch der Buchtitel „Ihr da oben, wir da unten“ huldigt diesem Polarismus – mit larmoyantem und zugleich klassenkämpferischem Pathos. Und in der Politik, vor allem in der Politik der Regierung, heißt das, noch weiter vereinfacht, es gebe zu dem, was man zu tun beabsichtige, „keine Alternative“.

In Wortgefechten führt das dazu, dass Thesen vorgetragen (oft abgelesen), nicht aber diskutiert werden, weil keiner der Redner bereit ist, seinen – absolut gesetzten – Standpunkt aufzugeben. Luthers

„Hier stehe ich, ich kann nicht anders“ oder Galileo Galileis trotzig gemurmeltes „...und sie bewegt sich doch!“ gelten deshalb weithin als Ausdruck eines Charakters und der Charakterfestigkeit. In der Nazizeit hieß es dementsprechend: „Ein deutscher Mann, ein Wort.“ Und gewöhnlich wurde noch diffamierend nachgeschoben: „Ein Jude, ein Wörterbuch.“ Dass das „Wort“ mehr der Sturheit, der Konvention, auch dem Dünkel als der Einsicht, das „Wörterbuch“ dem Nachdenken über die Unwägbarkeit aller Dinge in der Zeit verpflichtet sein könnte, wurde bewusst negiert.

Die Unsitte, aus der Vielfalt der Möglichkeiten lediglich das Dafür und Dagegen herauszugreifen, ist längst gerichtsnotorisch. Nicht nur in amerikanischen Gerichtsfilmen begegnet man allenthalben dem „Zeugen der Anklage“ oder dem „Zeugen der Verteidigung“. Dass eine parteienunabhängige Zeugenschaft eigentlich das Normale zu sein hätte, wird offenbar gar nicht in Erwägung gezogen. Auch die Demoskopen, besonders wenn es um schnelle, billige Umfragen geht, leben weitgehend davon, dass sie glauben, die kompliziertesten Sachverhalte auf ein Ja/Nein-Schema reduzieren zu können, dem als „dritter Weg“ lediglich noch ein „keine Meinung“ oder „unentschieden“ hinzugefügt wird. Also finden sich die Unwissenden, die tatsächlich keine Meinung zu dem Sachverhalt haben, und die Zweifelnden, die sich noch nicht entscheiden konnten, mit denen in einen Topf geworfen, die Bescheid wissen und das Problem zu genau kennen, um es mit dem einsilbigen Ja oder Nein abzutun.

Die Folgen des Ja/Nein-Schematismus sind auf der einen Seite Unflexibilität, Routine, Bürokratismus. Statt Wegweiser werden Verbotsschilder aufgestellt. Die Argumentationen vereinen „ex negativo“ das, was nicht sein soll, statt neue, positive Ziele zu benennen. Auf der anderen Seite stehen dann alle, die Widerspruch anmelden, die dem Ja/Nein ein Weder/Noch entgegenhalten. Und völlig befremdend erscheint, wenn dann so altmodische – und zu allem Unbehagen nicht justitiable – Begriffe wie „Ehrenwort“ auftauchen. Dabei handelt es sich nicht, wie es oberflächlich betrachtet scheinen mag, um das einst gepriesene „eine Wort“ des „deutschen Mannes“. Dahinter steht die Selbstgewissheit, das Richtige erkannt und danach gehandelt zu haben – Irrtum eingeschlossen. Infolgedessen verbindet sich mit dem Ehrenwort die Bereitschaft, für die Folgen einzustehen, jenseits der Frage von Schuld und Schein, also der subjektiven Überzeugung und der objektiven Wirkung. Helmut Kohl hat das auf eine irritierende Weise in der Parteispendenaffäre durchexerziert, weil damit das „falsch" oder „richtig", das Politische seines Handelns, in ein „gut" oder „böse", eine moralische, vielfach auch moralisierende Bewertung umschlug.

Denen, die sich nicht in diese Plus/Minus-Schubladen einsortieren lassen wollen, wird arrogant entgegengehalten, man könne schließlich nicht zwei Herren dienen. Allerdings gibt es ein höchst charmantes Beispiel, das diese These widerlegt. Es ist Carlo Goldonis Komödie vom Harlekin als „Diener zweier Herren". Wem das als eine zu leichtfertige Ausflucht erscheint, der kann sich an Goethe und seinen Faust halten, der beim „Osterspaziergang" bekennt: „Zwei Seelen wohnen, ach! In meiner Brust, die eine will sich von der andern trennen." Vor allem sollten jene, die die Welt so streng zu teilen trachten und alle anderen, die nicht ihrer Meinung sind, scheel über die Schulter ansehen, daran denken, wie viele es verstehen, auf beiden Schultern zu tragen. Denn der Opportunismus ist der Zwillingsbruder des Karrierismus. Und ihre Schwester, die, wenn sich der Wind gedreht hat, flugs vom Kleid Ja in das Kleid Nein zu schlüpfen vermag, hört auf den Namen Anpassungsfähigkeit.

„Märzgefallene" nannte man 1933 spöttisch jene, die, nachdem Hitler die Macht an sich gerissen hatte, plötzlich entdeckten, dass sie in der NSDAP wunderbar aufgehoben seien. Und das Gegenteil grassierte nach 1990 in den neuen Bundesländern. Da schickten plötzlich Männer ihr Mitgliedsbuch der SED an die Parteileitung zurück, weil sie sie angeblich jahrzehntelange über deren wahren Charakter getäuscht hätte. Dass sie vorher der Partei eifrig gedient und dafür Privilegien genossen hatten, wollten sie nun auf einmal nicht mehr wahrhaben. So vermehrte sich damals ein bis dahin wenig bekannter Vogel, über den Erwin Strittmatter bereits 1971 – und da sage einer, Dichter hätten keine prophetischen Gaben – geschrieben hatte: „Man wähnt, die Anpassung der Lebewesen an neue Verhältnisse habe sich in weit hinter uns liegenden Zeiten (etwa nach der Eiszeit oder nach dem Zurückweichen der Gewässer auf der Erde) vollzogen. Der Wendehals belehrte mich, dass diese Anpassung unaufhörlich stattfindet."

Es gab und gibt zu allen Zeiten allerdings auch die Störrischen, die ihrem eigenen Wegweiser folgen und deshalb immer wieder vom Zickzack-Pfad der allein selig machenden Partei abweichen. Sie sind keine Opponenten, sondern eher Dissidenten. Sie haben nicht den Glauben verloren. Im Gegenteil. Sie sind überzeugt, selbst wenn sie mit ihrer Überzeugung allein stehen sollten, ihre „Kirche" irre sich. Wolf Biermann hat das mit den aufmüpfig schimpfenden Zeilen umrissen: „Glotzt nicht!/Das Kollektiv liegt schief/Ich bin der Einzelne/das Kollektiv hat sich von mir/isoliert."

Im Anpassungsprozess gibt es jedoch auch Verlierer. Von einem weiß der Schriftsteller Wolfdietrich Schnurre zu erzählen. „Ein folgenschwerer Unglücksfall" hat er seine Fabel überschrieben: „Ein Chamäleon, das sich gerade auf Grün eingestellt hatte, musste entdecken, dass es seine Gabe, die Farbe zu wechseln, verloren hatte. ‚Aber warum weinst du denn?', fragte man es. ‚Weil ich grün sein muss, auch wenn die Blauen ans Ruder kommen', schluchzte es." Auch das wurde bereits anno 1957, also weit vor der Zeit, als „Grün" eine politische Farbe war, zu Papier gebracht.

Wer „dialektisch" zu argumentieren liebt, mag in dieser Haltung den Wunsch entdecken, zur Mehrheit zu gehören, zu denen, die die Welt verändern, vor allem aber – in der Sowjetunion wie in der DDR war der Ausdruck eine gängige Münze – zu den „Siegern der Geschichte". Die Geschichte hat 1990 dann zwar Sieg und Niederlage etwas anders verteilt, als es in diesem Drehbuch vorgesehen war. Aber der Hang, sich in Übereinstimmung mit möglichst vielen zu wissen, wurde davon nicht berührt. Die Konsens-Fiktion gehört nach wie vor zum deutschen Surrealismus. Gemeint ist die verbindende Überzeugung, zu den Guten zu gehören, auf der richtigen Seite zu stehen. Willy Brandt hat dafür 1972, als es um die Ostverträge ging, das Stichwort geliefert, als er die, die ihn und seine Politik unterstützten, den „anständigen Deutschen" zuschlug. Sein „Enkel" Gerhard Schröder hat das im November 2000 beim 14. Gewerkschaftstag der ÖTV in Leipzig aufgenommen, indem er „den Aufstand der anständigen Deutschen gegen den rassistischen Pöbel" forderte.

Das hatte allerdings gerade zu Brandts Zeiten einen etwas seltsamen Klang, weil die als altertümlich betrachtete Vokabel „anständig" bis dahin bevorzugt in den Kreisen der Rechten benutzt wurde. Anständig waren kurze Haare, Schlips und Kragen, alle „teutschen" Tugenden und jegliche Politik, die das Gestern verklärte, während Beatle-Pilzköpfe, Parka, Zusammenleben ohne Eheschein und alle sozialistischen Ideen der „unanständigen Politik" der Linken zugerechnet wurden. Als Helmut Schoeck mit seiner Philippika gegen den Gewerkschafts- und Verteilungsstaat 1971 fragte „Ist Leistung unanständig?", galt das als typisch rechte Anmaßung. Denn damals wurden Leistung mit Ausbeutung, Wettbewerb mit Unterdrückung gleich gesetzt, allesamt höchst unanständige Tatbestände. Und weil zu dieser Zeit die Globalisierung noch nicht (als Schlagwort) erfunden war, musste der Kapitalismus als Negation des Sozialismus herhalten. So meinten viele zu wissen, wozu man Ja, wozu man Nein sagen musste.

Aber den Ja-Sagern und den Nein-Sagern war nicht zu trauen. Nicht denen, denen Bert Brecht in seinem Agitprop-Stück klassenkampfgerechte Rollen zugeteilt hatte, sondern jenen, die den Verhältnissen offensichtlich nicht trauten. Ivan Steiger hat ihnen in der Karikatur wiederholt ein Denkmal gesetzt. Da sieht man Männchen, die ein großes Ja von sich geben – das aus lauter kleinen Neins zusammengesetzt ist. Nicht zufällig wird gespottet, die deutsche Sprache kenne – sieht man von der Hochzeitszeremonie ab – eigentlich kein Ja, sondern nur ein „Ja, aber …". „Eure Rede sei: ‚Ja, ja, nein, nein'", ist deshalb eigentlich keine deutsche Rede.

Vollends fragwürdig ist aber der Ratschlag, den der Schriftsteller David Albahari in seinem Erzählungsband „Fünf Wörter" bereithält. Der im seinerzeit jugoslawischen Belgrad geborene, im kanadischen Calgary lebende Schriftsteller aus einer serbisch-jüdischen Familie, schreibt da: „Ich kenne viele Wörter, benutze aber nur wenige. Wenn man mich etwas fragt, antworte ich; wenn nicht, schweige ich. Wie viele Wörter braucht der Mensch, um auf jede Frage zu antworten? Zwei, drei, höchstens fünf: ‚ja', ‚nein', ‚vielleicht', ‚keine Ahnung'. Alle anderen sind überflüssig, vor allem, wenn man selbst keine Fragen stellt." Albaharis Ratschlag ist deshalb fragwürdig, weil uns unser Computer nicht einmal fünf Wörter, sondern nur drei zubilligt. Ist das Werk getan, soll die Datei abgespeichert werden, fragt er: „Möchten Sie die Änderungen speichern?" und bietet als Möglichkeiten ein „Ja", ein „Nein" und „Abbrechen" an. Was soll man auch sonst sagen?

Und die Moral? Zwei ältere Männer sitzen auf einer Bank. Da geht eine hinreißende Frau vorüber. „Mit der möchte ich mal allein sein", sagt der eine. Darauf der andere: „Und was machst du, wenn sie ja sagt?"

11. Faules Ei Kompromiss?

Vom Maultier und ähnlichen Notlösungen

„Dass Kühe vegetarisch leben, hat sie noch nie davor bewahrt, als Rindsfilet verspeist zu werden."
Hans Kasper

Was ist ein Kompromiss? Ein bedenkenswerter Ausgleich? Eine Lösung der Vernunft? Eine Brücke zwischen den Ufern eines reißenden Flusses? Ein guter erster Schritt auf dem Mittelweg zwischen zwei Extremen? Oder ein Zeichen der Schwäche? Der zwiespältige Lohn des Nachgebens? Der Nachgiebigkeit? Ein faules Ei, aus dem auch ausdauerndes Brüten kein Küken hervorzulocken vermag? Eine Vierfruchtmarmelade, die man zwar essen kann, aber die weder nach der einen, noch nach der anderen Frucht schmeckt? Ein Trostpflaster auf der Wunde beidseitigen Scheiterns? Eine Kungelei, die nur die unmittelbar Beteiligten befriedigt? Hat also die Firma Recht, die verkündet: „Kompromisslos. Wir leben im Zeitalter der Kompromisse, der Beliebigkeit, der rasend schnellen Abfolge von Trends usw.", um mit einem markigen „Kein Kompromiss" ihr Produkt zu empfehlen: einen Lichtschalter? Warum verbindet sich das Substantiv „Kompromiss" für die meisten sofort mit dem Adjektiv „faul"? Bedarf der Alltag der Kompromisse? Oder gilt der alte Spruch: „Lass' dich ein auf Kompromiss, so verlierest du gewiss"?

Ein jeglicher Kompromiss ist zweifellos ein Zwitter, nicht recht das eine und nicht recht das andere. Wenn er ein Wappentier wählen müsste, bietet sich dafür das Stoßmichziehdich (Push-Me-Pull-Me) aus Hugh Loftings Erzählungen vom Dr. Doolittle an. Dieses seltsame Tier aus den tiefsten Wäldern Afrikas, der Vater angeblich eine abessinische Gazelle, die Mutter eine asiatische Gemse und ein Großvater das letzte Einhorn, besitzt zwei Köpfe, jeweils einen hinten und einen vorn. So vermag es zugleich zu fressen und zu reden oder zu schlafen und zu fressen, also das Unvereinbare zu vereinbaren. Nur leider ist und bleibt es ein Gebilde der Phantasie. Sehr viel realer ist da schon der Kompromiss zwischen Pferd und Esel, der sich je nach Vater-Mutter-Beziehung Maultier oder Maulesel nennt. Allerdings muss dieses Tier mit einem generellen Mangel leben: Es kann sich nicht fortpflanzen. Darin unterscheidet es sich von vielen Kompromissen, die „fortzeugend immer neue Kompromisse zu gebären" vermögen.

Um in der Tierwelt zu bleiben: Ein Zyniker könnte einen Kompromiss auch mit zwei Hirschen vergleichen, deren Geweihe sich im Gerangel um eine Hirschkuh so verhaken, dass sie nicht mehr auseinander kommen und elendiglich verrecken – während die Hirschdame mit einem Dritten, der sich aus dem Streit heraushielt, davon stolziert. Wer positiv denkt, wird stattdessen auf die im Tierreich recht häufigen Symbiosen verweisen. Auf das nützliche Miteinander von Raub- und Putzerfischen, die Parasiten und Nahrungsreste aus dem Maul der Räuber holen und deshalb nicht verschlungen werden. Oder auf die Krokodilwächter, Vögel, die unbeschadet im weit geöffneten Maul der Krokodile lästige Insekten vertilgen dürfen. Und, um das Menschliche nicht zu vergessen, weithin gilt auch die Ehe als ein Triumph des Kompromisses. Die Scheidung wäre dann die Sackgasse, in die diese *via triumphalis* nur zu oft mündet.

Im politischen wie im gesellschaftlichen Streite – die Wirtschaftspolitik in beidem eingeschlossen – wird der Kompromiss gern als goldener Mittelweg, als Einsicht in die Notwendigkeit angepriesen. Das „do ut des" (ich gebe, damit du gibst) der altrömischen Rechtspraxis soll dabei als Wegweiser zu einer vertrauensvollen Zusammenarbeit dienen, damit bei diesem Zug-um-Zug-Geschäft nicht der Eindruck entstehe, einer der Partner sei übervorteilt worden. Man tut also nach außen so, als würde der Kuchen erhalten, während man ihn in gleiche Stücke teilt und gemeinsam verspeist. Im Communiqué, das man danach herausgibt, ist dann von angespannten, schwierigen und mühevollen Verhandlungen die Rede, deren Scheitern man immerhin habe verhindern können. Deshalb sei es ein Schritt in die richtige Richtung, sich in ein paar Wochen, in ein paar Monaten usw. erneut zusammenzusetzen. Der Kompromiss, nicht einmal einen Kompromiss zustande gebracht zu haben, soll so den Heiligenschein eines Erfolges gewinnen.

Im Politikkauderwelsch wird der Hauch einer Einigung auf niedrigem Niveau vielfach als ein „tragfähiger Kompromiss“ bezeichnet, wiewohl er sich selbst nicht trägt, weil das Aufschieben, Aussitzen kein Problem löst. Koalitionsvereinbarungen ähneln deshalb nur zu oft einem Bodden, der nicht Salz-, nicht Süß-, sondern nur Brackwasser zu bieten hat und der bestenfalls mit Schiffen ohne Tiefgang zu befahren ist. Wenn nach solchen Gesprächen, Sitzungen, Verhandlungen vom „großen Durchbruch“ geschwärmt wird, erinnert das an den Löwen: Er dachte, als sich die Gittertür öffnete, es sei die Freiheit, aber es war nur das Freigehege.

Der schlechte Ruf des Kompromisses rührt nicht daher, dass jede Einigung, bei der man sich auf halbem Wege trifft, weil das Ziel unerreicht bleibt, von Übel sei. Störend ist vielmehr das Ritual, das großspurige Verkünden von Maximalforderungen, von denen man nichts nachlassen werde, obwohl man vorher weiß, dass das Ganze nach tage- und wochenlangen Schaugefechten – multipliziert mit Hilfe der Medien – in einer Vereinbarung endet, die schlussendlich jeder als Sieg seiner Sache zu verkaufen versucht. Tarifkonflikte sind typisch für solches Schattenboxen mit martialischen Drohgebärden. Da fordern die Gewerkschaften sechs Prozent, worauf die Arbeitgeber eine Nullrunde als einzig denkbar angeben. Dann lässt man einen Punkt nach, weicht für eine Weile auf Nebengleise, meist tote, aus. Sagt scheinbar versöhnlerisch, eine Drei vor dem Komma müsse es jedoch sein. Und einigt sich zum Schluss auf 2,9 oder 3,1 Prozent, was jeder schon vorher wusste. Aber da nichts langweiliger ist, als wenn der Weltmeister seinen Herausforderer bereits in der ersten Runde k. o. schlägt, muss sich der Kampf, scheinbar offen, erst einmal über ein paar Runden hinschleppen. Man verhandle, heißt es dazu gewöhnlich, „ergebnisoffen“. So wie auch Wissenschaftler für sich in Anspruch nehmen, „ergebnisoffen“ zu forschen. In beiden Fällen wird dabei so getan, als halte man sich nicht an irgendwelche Vorgaben, obwohl in den zahlreichen Anträgen zur Bewilligung der erforderlichen Forschungsgelder das Ziel genau beschrieben werden muss, so wie auch Politiker nicht ziellos Verhandlungen beginnen, sondern feste Vorstellungen von dem haben, was sie erreichen wollen. Dass die Ergebnisse dann nicht „zielführend“ sind, ist eine andere Sache.

In der Diplomatie spricht man in solchen Fällen von „taktischen Kompromissen“. Man habe sich, damit der Kontakt nicht völlig abreiße, auf „taktische Zugeständnisse“ eingelassen, heißt es dazu. Damit ist ungewollt das Eingeständnis verbunden, die Resultate nicht allzu ernst zu nehmen. Denn „taktieren“ ist eine Vokabel der Unsicherheit, die sich mit Scheinerfolgen, dem momentanen Nutzen zufrieden gibt. Langfristige Ziele erfordern strategisches Denken, gepaart mit Ausdauer und Geduld. Deshalb gibt es das Wort „strategieren“ nicht. Stattdessen gehen die Kompromissgeneigten mit einem lässigen „Mal sehen, was möglich ist“ in Verhandlungen und halten sich statt an ein vorgegebenes Ziel die eine und die andere Hintertür offen. Das entspricht einer „modernen“ Ehe, bei der das Brautpaar, während es der ehrwürdigen Formel „bis dass der Tod euch scheidet“ zustimmt, die Möglichkeit einer Scheidung im Hinterkopf hat – falls dieser Fall nicht bereits mit einem Ehevertrag einkalkuliert wurde.

Natürlich geht es, wenn ein Problem ansteht, allein um die Sache. Das wird stets verkündet. Nur stellt sich allzu oft und allzu schnell heraus, dass diese „Sache“ in eine Personalfrage mündet. Sind die Gewichte zwischen den Kontrahenten gleich verteilt, gilt schließlich ein „Kompromisskandidat“ als der „beste Mann“. Und der ist dann zwar Sieger, jedoch nur selten Gewinner, weil er von jenen abhängig bleibt, die ihn ins Amt brachten. Also muss er Rücksichten nehmen und lavieren, um nicht die eine wie die andere Seite zu vergnatzen. So markieren seinen Weg wiederum nur Kompromisse.

Das Ganze lässt sich allerdings noch steigern, indem statt eines Kompromisskandidaten eine Doppelspitze als potenzierter Kompromiss installiert wird. Ursprünglich war das eine vernünftige Idee, weil sie auf eine Teilung und gleichzeitig auf eine wechselseitige Kontrolle der höchsten Macht zielte. Im antiken Rom sollten das die beiden Konsuln, die für ein Jahr gewählt wurden, garantieren. Aber auch da gab es immer wieder Rivalitäten und Machtkämpfe, die schließlich zur Alleinherrschaft eines Kaisers führten. Besonders eng ist der Begriff der „Doppelherrschaft“ mit der Machtübernahme der Bolschewiki verbunden. Denn Lenin, nachdem er mit deutscher Hilfe aus dem Exil nach Petrograd zurückgekehrt war, verstand es, die Doppelherrschaft, das Nebeneinander von Duma und provisorischer Regierung auf der einen, den gewählten Sowjets der Arbeiter und Soldaten auf der anderen Seite, zu paralysieren, um sich selbst mit der Diktatur der kommunistischen Partei die Macht zu sichern. In der Politik führte die Doppelherrschaft stets zur Herrschaft eines Einzelnen mit tyrannischen Zügen.

Etwas anderes ist es bei wissenschaftlichen Institutionen. Bei der Biblioteca Hertziana, dem kunstwissenschaftlichen Institut der Max-Planck-Gesellschaft in Rom, hat sich das Nebeneinander zweier Direktoren bewährt. Es erlaubt einem Direktor, ungestört wissenschaftlich zu forschen, während der andere die Geschäftsführung wahrnimmt. Und nach einiger Zeit wechselt man die Felder. Dieses Prinzip, das kooperative Charaktere voraussetzt, trifft man gelegentlich auch in der Wirtschaft. Doch es versagt, wenn die Doppelspitze wie bei der *European Aeronautic Defence and Space Company* (EADS), an der Daimler-Chrysler und die französische Holding SOGEADE jeweils mehr als 30 Prozent der Aktien halten, weniger von der Sache als von nationalem Ehrgeiz gefordert und gefördert wird. Da bilden sich dann einerseits schnell Seilschaften heraus, die viel Energie in Diadochenkämpfen vergeuden, während andererseits wirtschaftliche Entscheidungen einem Nationenproporz unterworfen werden. Beides ist der ökonomischen Effizienz abträglich.

Eine andere Variante der Kompromisslerei ist die „Quote“. Überall, wo ein institutionelles Ungleichgewicht, wenn nicht gar eine institutionalisierte Ungerechtigkeit vermutet wird, sollen Quoten den Ausgleich schaffen. Das gilt für den deutschen Schlager in deutschen Rundfunkprogrammen, für französische Filme in französischen Kinos, zeitgenössische Musik in Konzertprogrammen usw. Nur fordern solche Quoten die Betroffenen gewöhnlich heraus, Schleichwege der Vermeidung zu ersinnen. Ein charakteristisches Beispiel war in den zwanziger Jahren die Kontingentverordnung.

Danach durften nur so viele ausländische Filme importiert werden, wie deutsche Filme produziert wurden. Also drehten deutsche Firmen so genannte Kontingentfilme, billige Streifen, die kaum in die Kinos kamen. Ihre Produktionskosten spielten attraktive Filme aus dem Ausland, gewöhnlich aus Hollywood, ein, die deutsche Studios für den entsprechenden Kontingentschein einführen durften. Das System war also nur bedingt der einheimischen Filmwirtschaft und kaum der Filmqualität zuträglich.

Entsprechend bewegt sich die „Quotenfrau", der ein Bonus zugeteilt wird, um die allgemeine Benachteiligung von Frauen auszugleichen, zwischen Baum und Borke. In Amerika geht man mit der – inzwischen (gerichts-)umstrittenen – „Affirmation Action" noch erheblich weiter. Darunter werden Maßnahmen und Anordnungen verstanden, die für einen Ausgleich der Diskriminierung von Afro-Amerikanern, Hispaniern, Indianern, Frauen usw. sorgen sollen, in dem sie bei der Stellenvergabe, als Angestellte des Staates, bei der Beförderung, bei der Zulassung an Universitäten und anderen Bildungsanstalten so lange bevorzugt werden, bis ihr Anteil ihrem Prozentsatz in der Bevölkerung entspricht. Das gilt nicht nur für öffentliche, sondern auch für private Institutionen, wie Hochschulen und Firmen, die Aufträge des Staates übernehmen. Indem die Nutznießer solcher Quoten quasi per Hubschrauber auf dem Berggipfel abgesetzt werden, den sich die anderen im mühsamen Aufstieg erobern müssen, wird ihnen mit dem Vorsprung zugleich tiefes Misstrauen zuteil. Ihre Leistungen gelten als zweitrangig, weil sie angeblich nur ihrer Hautfarbe, ihrer Herkunft, ihrem Geschlecht, nicht aber einer gleichwertigen Qualifikation und einer von äußeren Merkmalen unabhängigen intellektuellen Fähigkeit zu verdanken sind. Der Quoten-Kompromiss, euphemistisch „positive Diskriminierung" genannt, benachteiligt somit vor allem die, die die Krücke der Quote nicht nötig haben, obwohl sie zu einer so genannten Minderheit gehören.

Aber das ist nicht ihr einziges Manko. Sie müssen sich so etwas wie „Verrat" an denjenigen ihrer Minderheit nachsagen lassen, die den Weg nach oben nicht geschafft haben – vielleicht auch gar nicht schaffen wollten. Dass 25 Prozent der schwarzen Bevölkerung der

USA in den vergangenen zwanzig Jahren in die Mittelschicht aufgestiegen ist, wird – wie die „taz“ berichtete – von schwarzen Bürgerrechtlern als der schwarzen Sache abträglich angesehen. Denn diese Mittelschicht sei nicht, anders als die weiße Mittelschicht, von Statussymbolen und Konsum besessen und deshalb dekadent und unfähig, politische und intellektuelle Führer hervorzubringen. Darüber hinaus produziere ihr weißes Umfeld, meint Cornel West, ein linksliberaler Hochschullehrer, unter ihnen einen Selbsthass, der sie daran hindere, sich für die im Ghetto Zurückgebliebenen einzusetzen. Schwarze wie Condoleezza Rice, von ihm als „Karrieristin“ apostrophiert, wollten nicht als schwarz wahrgenommen werden, sie wollten zum weißen Amerika gehören.

Solche Definitionen und Charakterisierungen sind in Deutschland nicht unbekannt. Bismarck wurde, als er 1878 die Sozialgesetzgebung mit Renten-, Unfall-, Invaliditäts- und Krankenversicherung für die Arbeiter einführte, von der Sozialdemokratie vorgeworfen, das geschehe nicht aus Fürsorge, sondern um das Proletariat zu bestechen und die zeitgleich erlassenen Sozialistengesetze („gegen die gemeingefährlichen Bestrebungen der Sozialdemokratie“) vergessen zu lassen. Und Theodor Lessings Buch „Der jüdische Selbsthass“ von 1930 greift ein seit der Jahrhundertwende grassierendes Thema auf, indem er das Vorurteil analysiert, wonach Juden (nicht nur getaufte oder assimilierte) mit Verachtung auf ihresgleichen herabschauen, statt stolz auf ihre Herkunft und ihre geistigen Traditionen zu sein. Die Behauptung, dass Aufsteiger aus diskriminierten Minderheiten sich der Mehrheit anpassen und sich ihrer Wurzeln schämen, nicht aber für sie auf die Barrikaden gehen würden, ist ein eigenartiger, aber permanenter Widerspruch von Bewegungen, die angeblich für die Integration kämpfen, zugleich aber gegen diese Integration wirken, indem sie das Gruppenbewusstsein verfestigen.

Diese Diskrepanzen vermag auch das Antidiskriminierungsgesetz der rot-grünen Bundesregierung nicht aufzuheben, zumal der Katalog der Diskriminierungsvergehen gegenüber den amerikanischen Verhältnissen sowie den Vorgaben der Europäischen Gemeinschaft noch erheblich erweitert wurde. Das betrifft zum einen die Ausweitung über das Arbeitsrecht hinaus in Bereiche des Zivilrechts, zum anderen den größeren Kreis der angeblich permanent Diskriminierten. An sich klingt es recht einleuchtend, dass niemand wegen des Alters, des Geschlechts, der sexuellen Orientierung, einer Behinderung, der Religion, der ethnischen Herkunft oder der Rasse benachteiligt werden dürfe. Darum sei allen diesen Personen bei gleicher Qualifikation Vorrang einzuräumen – mag das auch den Gleichheitsgrundsatz des Grundgesetzes tangieren. Aber wann ist jemand seines Alters oder seines Geschlechts wegen diskriminiert? Wenn eine Firma einen 48-Jährigen einem 50-Jährigen vorzieht? Wenn sich ein Kindergarten für eine Kindergärtnerin statt eines Kindergärtners entscheidet? Fragwürdig wird das Ganze zusätzlich, indem nicht nur dem Betroffenen ein Klagerecht zusteht, sondern es auch Betriebsräten, Gewerkschaften und Verbänden zugesprochen wird. Da ist es wohl nur eine Frage der Zeit, dass – entsprechend den fragwürdigen Abmahnvereinen, die aus dem Gesetz gegen den unlauteren Wettbewerb Kapital zu schlagen versuchen – „Antidiskriminierungs-Vereine" entstehen. Das Gesetz lädt dazu ein, weil es in vielen Punkten die Beweislast umkehrt, indem es vom Beklagten Beweise fordert, dass seiner Entscheidung keine Diskriminierung zugrunde lag. Nur bei einem Tatbestand gibt es keine Beweisnot – Gabriel Laub hat darauf aufmerksam gemacht: „In der deutschen Justiz gibt es eindeutig eine politische Diskriminierung – jenen Bankräubern und Mördern gegenüber, die sich keine politischen Motive ausgedacht haben."

Da Antidiskriminierungsgesetze nicht von dem Einvernehmen zwischen Mann und Frau ausgehen, sondern auf den altmodischen Slogan vom „Kampf der Geschlechter" zurückgreifen, produzieren sie eine neue Weinerlichkeit. Nachdem die hohe Zeit des Feminismus, der sich in Gesten der Separation vom Frauencafé bis zur Frauenbuchhandlung gefiel, weitgehend vorbei ist, errichten nun Männer, die sich vom Schicksal wie von den Frauen untergebuttert fühlen, ihre Klagemauern. Männercafés und Männerbuchhandlungen würden ihnen natürlich als Machismo ausgelegt. Also versuchen sie schreibend ihr Elend der Welt kundzutun. Darum fragen sie in Büchern „Sind Frauen bessere Menschen?", entlarven den

„Mythos Männermacht“, fühlen sich als „Der gebrauchte Mann, abgeliebt und abgezockt“ und jammern „Auch Männer wollen aufrecht gehen, oder Warum es heute so schwierig ist, ein Mann zu sein“. Dieses Repertoire ist inzwischen umfang-, aber kaum hilfreich.

Ein Kompromiss ist nicht alles. Er hat einen Verwandten von besonderem Adel: den Konsens. Sich im Gespräch nicht nur zu nähern, sondern durch Einsicht Übereinstimmung zu gewinnen, gilt als besondere Tugend. Trotzdem schwingt Skepsis mit, wenn in der westlichen Welt von Japan als einer „Konsensgesellschaft“ gesprochen wird. Dieses scheinbar widerspruchsfreie Ausbalancieren von Entscheidungen weckt Zweifel. Man vermutet hinter der Sanftmut, die das Verfahren ausstrahlt, die Prinzipien des Judo, bei dem dem Gegner die eigene Stärke zum Verhängnis wird, indem man ihn durch Nachgeben und Ausweichen ins Leere stürzen lässt. Befremdend wirkt auch, dass die Individualität verpönt ist und Anciennität wie Alter eine regulierende Rolle spielen, die Hierarchie einer Firma als Leistungspyramide betrachtet wird. Wer oben ist, gilt als besonders befähigt. Ihm können zwar Vorschläge unterbreitet werden, möglichst von einem Team, aber ihm widerspricht man nicht, weil er dann das Gesicht verlöre und damit die Regeln des sozialen Umgangs verletzt worden wären. Für japanische Verhältnisse war es deshalb höchst verwirrend, als 2002 der Nobelpreis für Chemie gemeinsam mit dem Schweizer Kurt Wüthrich und dem Amerikaner John B. Fenn dem Japaner Koichi Tanaka zugesprochen wurde, der in der Firma Shimadzu als Ingenieur nur einen mittleren Rang einnahm. Also musste er – in japanischen Augen, um das Nobelpreis-Komitee nicht ins Unrecht zu setzen, aber auch um den eigenen Vorstellungen von Hierarchie und Würde gerecht zu werden – mehrere Karrierestufen überspringen, um künftig als Direktor einer neuen Forschungsabteilung vorzustehen.

Man mag darüber streiten, ob man die so genannten Schutzgeldzahlungen an die Mafia – und entsprechende Syndikate in Italien, Russland, den lateinamerikanischen Staaten, bei den Auslandschinesen oder im Baskenland – als Konsens oder als Kompromiss interpretiert. Denn zwischen den Alternativen des Widerstandes, der nur zu leicht tödlich enden kann, oder der Kapitulation, der Aufgabe des Geschäfts, ist das Schutzgeld scheinbar ein goldener Mittelweg. Er gleicht jenem „dritten Weg", der immer wieder als Ausweg aus Konfrontationen empfohlen wird. Er soll Kapitalismus und Sozialismus versöhnen – als ob noch immer der rücksichtslose Manchester-Kapitalismus die Wirtschaftswelt regierte und die kapitalistischen Demokratien ihn nicht schon längst mit zahllosen Sozialgesetzen und -bindungen eingezäunt hätten. Aber dieses „Nicht-so-und-so-auch-nicht" klingt, wenn es in schöne Worte gekleidet wird, gedankenvoll, obwohl es sich in die Utopie der Unentschiedenheit flüchtet. Hans Küng, wenn er für sein „Weltethos" plädiert, weiß – wie Ludwig Hasler, ehemals Chefredakteur der „Weltwoche", mit Spott anmerkt – trefflich solche Gegensatzpaare zu reihen, indem er einen „vernünftigen Weg der Mitte" „zwischen Besitzgier und Besitzverachtung", „zwischen Technoeuphorie und Technikverachtung", „zwischen Weltverfallenheit und Weltverneinung", „zwischen Sinnenlust und Sinnenfeindlichkeit" empfiehlt. „Wie darf man", fragt Hasler, „das ‚zwischen' verstehen? Als Mix, Patt, Halbe-halbe? Was genau ist die ‚vernünftige Mitte' zwischen Lust und Unlust? Stillstand? Harmonia mundi dank flächengreifender Mediokrität?" Diesem Benennen ohne Bekennen hat Goethe entgegengehalten: „Toleranz sollte eigentlich nur eine vorübergehende Gesinnung sein: Sie muss zur Anerkennung führen. Dulden heißt beleidigen. Die wahre Liberalität ist Anerkennung."

Solche energischen Worte werden bei uns nur ungern zur Kenntnis genommen. In Deutschland seien zwei Konfliktstile dominierend, schrieb der Management-Trainer Rainer Stroebe in der FAZ: der Kompromiss und der Konsens. Der Kampf, das Sichdurchsetzen, wäre hingegen hierzulande nicht besonders ausgeprägt, obwohl man es sich in wirtschaftlich schlechten Zeiten nicht leisten könne, monatelang um einen Konsens zu ringen. Gefragt sei vielmehr die Fähigkeit, das als richtig Erkannte durchzusetzen, also das Ziel klar vorzugeben und den Weg überzeugend zu bezeichnen. Wenn nicht selten der Eindruck entstünde, eine typische deutsche Verhandlung beginne mit einem Kompromiss und ende mit der Konfrontation, läge das daran, dass mehr reagiert als agiert würde, indem zwar wortreich gesagt werde, was man nicht will, statt mit derselben Vehemenz zu umreißen, was erreicht werden soll.

Wenn es um einen Kompromiss geht, lieben die Karikaturisten die Metapher eines schmalen Bergpfades ohne Ausweichmöglichkeit, auf dem sich die Kontrahenten begegnen. Die Pessimisten dieser Zunft halten sich dabei gern an ein Blatt, das Sidney Paget 1893 als Finale für den letzten der Sherlock-Holmes-Bände zeichnete. Es zeigt den schmalen Steg über den Reichenbachfällen, auf dem Holmes und Professor Moriarty miteinander kämpfen, kurz bevor beide in den Abgrund stürzen und zu Tode kommen. Gewöhnlich wird allerdings offen gelassen, wie die Geschichte weitergeht, ob sie mit einem solchen Absturz endet, ob beide in Sturheit verharren und nicht von der Stelle kommen, oder ob einer nachgibt und zurückweicht, der Vernunft gehorchend oder aus Einsicht in seine ungünstigere Position. Denn einen Kompromiss erlaubt eine solche ausweglose Situation nicht.

Aber das ist die Ausnahme. Gewöhnlich bieten sich mehrere unterschiedliche Lösungen an. Und es stimmt eben nicht, wenn man sich in der Mitte getroffen hat, darauf zu verweisen, es sei doch gleichgültig, ob man das Glas halb voll oder halb leer nenne. Entscheidend ist die Richtung, im Kommuniqué-Deutsch: die Dynamik des eingeleiteten Prozesses. Schließlich ist es ein wesentlicher Unterschied, ob aus dem „halb voll“ ein „voll“ oder aus dem „halb leer“ ein „leer“ wird. Deshalb empfiehlt es sich, die Kompromissbereiten an eine alte Denksportaufgabe zu erinnern. Es geht dabei um den Mann, der einen Wolf, eine Ziege und einen Kohlkopf ans andere Ufer bringen soll, sich dabei aber mit einem Kahn bescheiden muss, der nur einen der drei als Zuladung erlaubt. Transportiert er also als Erstes den Wolf, frisst die Ziege inzwischen den Kohl. Entscheidet er sich für den Kohl, frisst der Wolf die Ziege. Also wird die Ziege die erste Ladung sein. Doch am anderen Ufer stellen sich dieselben Probleme, wenn als Nächstes der Wolf oder der Kohl übergesetzt werden. Trotzdem gibt es eine Lösung: Die Ziege bleibt der erste Passagier. Dann folgt der Kohl, während die Ziege wieder zurücktransportiert wird. Nun überquert der Wolf den Fluss und schließlich nochmals die Ziege. Die List der Vernunft bedarf eben immer wieder einmal des Nachgebens, eines taktischen Rückziehers, um das strategische Ziel zu erreichen. Man mag das Kompromiss nennen. Oder Konsens. Oder spitzfindig. Was zählt, ist allein das Ergebnis.

Und die Moral? Es könnte eine Fabel von Helmut Arntzen sein:
„Warum seid ihr gegen die Katzen?", fragte eine Maus die anderen alle.
„Dumme Frage; weil sie uns fressen."
„Das ist primitiv", sagte die Maus. „Sucht sie zu verstehen."

Oder:
Moshe und Aaron liegen im Streit. Also gehen sie zum Rabbi, dass er ihn schlichte. Zuerst hört er Moshe an. Der schildert, wie die Dinge liegen und warum mit Aaron nicht auszukommen sei. „Da hast du Recht", sagt ihm der Rabbi. Dann kommt Aaron an die Reihe. Er schildert, wie die Dinge liegen und warum mit Moshe nicht auszukommen sei. „Da hast du Recht", sagt ihm der Rabbi. Empört tritt die Frau des Rabbiners dazwischen, die alles mit angehört hat: „Aber das geht doch wohl nicht, dass Moshe recht hat und dass Aaron Recht hat." – Darauf der Rabbi: „Da hast du Recht!"

12. Keine Zeit! Keine Zeit?

Vom Zögern und vom Abwarten

„Die stillstehende Uhr, die täglich zweimal die richtige Zeit angezeigt hat, blickt nach Jahren auf eine lange Reihe von Erfolgen zurück."

Marie von Ebner-Eschenbach

Es war in Japan. Ein wandernder Mönch erblickte an einem heißen Sommertag eine Frau, die neben dem neuen, noch erdfeuchten Grab ihres Mannes hockte und fächelte und fächelte. „Das nenne ich wahre Pietät", bemerkte der Mönch. „Ach, was sagt ihr da", erhielt er zurück, „mein Mann hatte mir das Versprechen abgenommen, nicht eher wieder zu heiraten, ehe die Erde auf seinem Grabe trocken sei." Wem ist schon solche Zukunftsgewissheit gegeben? Beherrscht nicht das Handeln vieler Menschen der Hang, ein- und anzuhalten, weil man nicht weiß, was die Zukunft bringt? Wird nicht das Kommende überschätzt – und gefürchtet? Wird die Mahnung, vor dem Morgen das Gestern nicht zu vergessen, nicht allzu oft in ihr Gegenteil gewendet?

Mit der Zeit, verrät die japanische Geschichte, hat es eine seltsame Bewandtnis. Man kann sie sich nehmen, man kann sie sich lassen, sie kann einem fehlen, man kann sie verschwenden, man kann ihr nachtrauern oder ihr vorauszueilen versuchen. „Die Zeit", singt die Marschallin im „Rosenkavalier" von Richard Strauss und Hugo von Hofmannsthal, „die ist ein sonderbar Ding. Wenn man so hinlebt, ist sie rein gar nichts. Aber dann auf einmal, da spürt man nichts als sie. Sie ist um uns herum, sie ist auch in uns drinnen."

Der Umgang mit der Zeit erweist sich demgemäß als eine heikle Sache. Mal flieht sie, mal verweilt sie, mal will sie kaum vergehen, mal eilt sie. Sie einzuteilen und recht zu nutzen, ist ein edler Vorsatz.

Aber allen guten Ratschlägen für ein effektives „Zeitmanagement" zum Trotz, hat sie ihre eigenen geheimnisvollen Gesetze, geschieht manches zur Zeit, anderes zur Unzeit. „Aber schön ist auch die Zeit des Erwachens, wenn man nur zur Unzeit uns nicht weckt", weiß Friedrich Hölderlin im „Hyperion". Doch wie oft werden wir jäh aus unseren Träumen gerissen, gebiert der Schlaf der Vernunft nicht nur Monster, sondern endet in einem bösen Erwachen. Und wie selten erfüllt sich Mephistos Rat: „Denn eben, wo Begriffe fehlen, da stellt ein Wort zur rechten Zeit sich ein." An Wörtern, Worten, Widerworten mangelt es uns nicht. Aber an der Muße, die dem rechten Handeln zur rechten Zeit vorausgehen sollte.

Die Verstädterung der Welt setzt längst die alten Vorurteile außer Kraft, wonach in den ländlichen Bezirken der Rhythmus des Tages und des Jahres noch stimmt, mit Glockengeläut der Feierabend eingeläutet und der Feiertag selbstverständlich festlich gewürdigt wird, wohingegen sich der Asphaltdschungel Großstadt mit seiner Hektik selbst zugrunde richtet: „Mit der Uhr in der Hand, mit'm Hut auf'm Kopp: Keine Zeit! Keine Zeit! Keine Zeit", wie Walter Mehring reimte. Gelassenheit, das Abwarten-Können, Geduld, die Dinge reifen zu lassen, gelten als Untugend, als „Aussitzen", speziell bei politischen Misshelligkeiten. Alles muss schnell gehen, sollte sofort erledigt werden. Man streut keinen Samen mehr aus und wartet ab, bis die Blumen sprießen und blühen, man setzt fertige Pflanzen in den Garten, für einen Sommer. Das genügt. Im nächsten Jahr liegen sowieso andere Blüten „im Trend".

Denn der „Trend" scheint das neue Maß der Zeit zu sein. Das gilt nicht nur für die Mode. Das gilt auch für die Politik. Die knapp bemessene Periode zwischen dem Gewählt-Sein und dem Gewählt-werden-Wollen, blockiert nur zu oft Entscheidungen, die notwendig, aber nicht populär sind. Jene Lässigkeit der Monarchen, die in und aus dem Bewusstsein leben, nur Glied in einer langen Kette zu sein, die also nichts übereilen, nicht das Handeln dem Denken vorziehen müssen, gehört zur Rubrik „einst". Stattdessen herrscht „revolutionäre Ungeduld", auch da, wo Reformen das Bessere ohne Umsturz herbeizuführen trachten. Zwar plädieren Revolutionäre im Lehnstuhl wie Dorothea Sölle für „Die revolutionäre Geduld", ermunterte Wolfgang Harich „Zur Kritik der revolutionären Ungeduld". Aber eine Revolution sollte es trotzdem werden. Auch das schlecht' Ding eines revolutionären Umsturzes soll offensichtlich Weile haben.

Natürlich gibt es ein heilsames Aufschieben, ist Geduld keine schlechte Verhandlungsstrategie. *„Zögere nicht: warte!"*, rät der polnische Aphoristiker Stanislaw Jercy Lec. Schnellschüsse verfehlen nur zu oft ihr Ziel. Ein hastiger Frieden ist selten ein guter und meist ein kurzer Frieden. Denn hinter der flotten Einigung, die Wichtiges „ausklammert", damit die Terminvorgaben nicht durcheinander geraten, lauert der Abgrund der Missverständnisse, der Missinterpretationen, des Nachverhandelns oder eines erneuten Streites. Haben sich China und die Sowjetunion bei den Verhandlungen über den chinesisch-sowjetischen Grenzkonflikt nicht jahrelang unbeweglich gegenübergesessen, weil sie nicht auf einen kurzfristigen Verhandlungserfolg, sondern auf ein dauerhaftes Verhandlungsergebnis setzten? Ist Japan politisch blockiert, weil es darauf beharrt, einen Friedensvertrag mit Russland nur dann abzuschließen, wenn die von der Sowjetunion annektierten vier Inseln nördlich von Hokkaido zurückgegeben werden? War es ein schlechter Rat, als der britische Außenminister Nicholson seinen Diplomaten einschärfte, es komme bei Verhandlungen nicht darauf an, „dass wir uns den Kopf darüber zerbrechen, was die Gegenseite denkt, sondern darauf, ihr unzweifelhaft klar zu machen, was wir denken."

Die Ungeduldigen sind die geborenen Verlierer. Aber sind deswegen die Geduldigen die Gewinner? Man kennt aus dem „goldenen Jahrhundert" der niederländischen Malerei die schönen Stillleben mit einer Fülle unterschiedlichster Blumen. Was da in einer Vase vereint ist, war stets eine dekorative Fiktion. Die Maler haben auf ihren Gemälden eine Pracht zusammengefügt, die sich nicht zur selben Zeit, sondern erst nach und nach im Laufe des Blumenjahres entfaltete. Der Künstler musste sich also Zeit lassen, wenn er die Natur nach der Natur malen wollte. Diese Ausdauer wurde fürstlich honoriert. Ein Stillleben des „Blumen-Brueghel" kostete fast soviel wie ein Haus in Amsterdam.

Das ist heute oft nicht anders. So manches Bild wird mit einem großen Haufen Geld aufgewogen. Nicht der Kunst wegen, sondern wegen des Ereignisses, das es wiedergibt. Denn die (Boulevard-)Zeitungen wie die Fernsehsender sind hektische Medien. Sie wollen unbedingt als Erste und möglichst als Einzige die Geschichte vorführen. Deshalb spielt Geld scheinbar keine Rolle, wenn ein aufregendes Foto exklusiv zu haben ist. Das können Aufnahmen von Unglücken und Katastrophen sein, weil bei diesen überraschenden Geschehnissen keine Kamera vorher in Stellung gebracht werden konnte. Und das sind Bilder von Prominenten, die das Persönliche tangieren, die auf der Grenze zur Indiskretion balancieren und sie auch überschreiten. So verbindet sich der Katastrophen-Journalismus mit dem oft geschmähten und genauso oft praktizierten Scheckbuch-Journalismus, wenngleich die Medien nach so manchem Reinfall – wie die dem „Stern" so teuren „Hitler-Tagebücher" – zwar vorsichtiger, aber nicht unbedingt vorsichtig geworden sind.

Die vierte Gewalt, die sich selbst als Korrektiv der anderen drei Gewalten, der Legislative, Exekutive und Judikative, versteht, ist selbst nicht ungefährdet und so mancher Versuchung ausgesetzt. Da werden „Klimaverbesserungen" nicht nur mit Freundlichkeiten und kleinen wie großen Gaben erzielt. Da geht es keineswegs nur um Geld oder „geldwerte Vorteile", sondern auch um Politik, um Einfluss und um Beeinflussung. Daraus können, weil es in den Kram passt, Pseudo-Nachrichten entstehen, verquickt mit Spekulationen. Auf den Gesellschaftsseiten und in den „Human Interest"-Magazinen gehören dazu die Phantasien über das „Wer-mit-wem". Für die Wirtschaftsberichterstattung findet sich immer ein Analyst, der der Vermutung das Kleid des Wahrscheinlichen überstreift. Und in der Politik darf fast jeder Verdacht Nachrichtenwert beanspruchen. Das Dementi, falls er sich als falsch erweist, versickert dann irgendwo, weil die Zeit, in der der Fall interessierte, angeblich längst vorbei sei. Fehler, Irrtümer, Falschmeldungen, Einseitigkeiten? Das kann es geben. Bei den anderen. Denn die Medien bekennen sich nur höchst unwillig zu ihrer Fehlbarkeit. Eine Spalte wie in der „New York Times", in der täglich Irrtümer oder Ungenauigkeiten früherer Ausgaben korrigiert werden, ist der hiesigen Presse – und erst recht den elektronischen Medien – fremd. Dagegen liebt man, wenn eine Gegendarstellung abgedruckt werden muss (und nicht als „Leserbrief" versteckt werden kann), soweit es die Landespressegesetze nicht verbieten, den „Redaktionsschwanz“ mit seinem „Eigentlich-habe-ich-doch-Recht“.

Falschmeldungen sind jedoch nur die eine Seite der Mediengier nach der Nachricht, die man allein oder zuerst hat. Die andere sind die nachrichtenlosen Nachrichten. Sie reüssieren, wenngleich nicht dort allein, regelmäßig in den Wahlsendungen. Zwischen dem Schließen der Wahllokale und den ersten vagen Hochrechnungen wird bereits munter kommentiert, was noch keiner weiß. Und kommt es anders, als man glaubte, weil die Meinungsforschungsinstitute und die Wahlforscher keine Ziellandung geschafft haben, heißt es: Was kümmert mich mein Geschwätz von vor einer Stunde? Nicht viel anders ist es bei Unfällen, Unglücken, Naturkatastrophen. Kaum vermeldet, möchte man sie mit einem Schuldigen bereichern, sollen der Hintergrund wie die kurz- und langfristigen Folgen benannt werden. Also erlebt man Reporter am Ort, die nur die Nachricht wiederholen können, jedoch häufig – in einem Ton, der ein Versäumnis anzuprangern scheint – hinzufügen: „Die Ursache wurde noch immer nicht herausgefunden!“ Dass die Untersuchungen bei einem Flugzeugabsturz, einem Erdbeben oder einem Großbrand oft Tage und Wochen erfordern, können die Medien, die von der Hand in den Mund leben und Zeit nur als Zeitdruck empfinden, scheinbar nicht verstehen. Sie wollen, wenn schon nicht den Schuldigen, wenigstens einen Verantwortlichen anklagen.

„Verantwortung“ ist ein Zauberwort. Nicht nur der Medien. Es beschreibt einen Aggregatzustand, der dem der Gase gleicht: schwer zu fassen und leicht verflüchtigt. „Wir übernehmen die Verantwortung“ lässt nach einem Attentat, einem Terroranschlag, einem blutigen Überfall manchmal eine Gruppe oder Organisation wissen. Nicht selten kündigen diese erpresserischen Botschaften oder „Bekennerschreiben“ weiteres Blutvergießen an, wenn man ihren Forderungen nicht nachkomme. Dabei ist das eine so wenig fassbar wie das andere. Diese so genannte Verantwortung schließt keinerlei Haftung ein. Sie will nur Medienaufmerksamkeit gewinnen, den Namen Unbekannter für kurze Zeit bekannt machen, um politische, meist revolutionäre Ziele, für die demokratisch keine Mehrheit zu finden ist, zu lancieren.

In Demokratien ist das anders. Dass ein lokaler Parteivorsitzender oder Spitzenkandidat nach einer Wahlniederlage die Verantwortung für das schlechte Abschneiden seiner Partei übernimmt und zurücktritt, kommt häufiger vor. Bei den Amtsträgern vom Bürgermeister bis zum Bundesminister, ob gewählt oder ernannt, ist solche Einsicht erheblich seltener. Für falsche Entscheidungen oder gravierende Unterlassungen die Verantwortung zu tragen, heißt noch lange nicht, sich der Verantwortung zu stellen. Man baut eher darauf, dass die Sache bald vergessen und ad acta gelegt wird, falls man nicht überhaupt bestreitet, dass da Verantwortung gefordert sei. Die Visa-Affäre hat das sichtbar gemacht und darüber hinaus ein paar hübsche Formulierungen des Als-ob produziert. So erklärte Außenminister Fischer, in dem er scheinbar großmütig die Schuld übernahm, die er zuvor seinen Mitarbeitern zugeschoben hatte: „Ich stelle mich vor meine Mitarbeiter." Bundeskanzler Schröder, des Koalitionspartners wegen auf diesen Außenminister angewiesen, wählte dagegen die Formulierung: „Ich stehe hinter meinem Außenminister." Ob davor oder dahinter, Folgen hatte weder das eine noch das andere. Es erinnerte jedoch an die Bemerkung des NS-Zeit-erfahrenen Kabarettisten Werner Finck: „Ich stehe so lange hinter einer Regierung, so lange ich nicht sitzen muss, wenn ich nicht hinter ihr stehe."

Lediglich in der Wirtschaft heißt es, weil sich der Schaden in Euro ausdrücken lässt, wer Verantwortung übernimmt, muss auch die Konsequenzen tragen. Und das scheint, will man einer Untersuchung glauben, ein hartes Spiel zu sein. Denn angeblich beträgt die Verweildauer eines Managers lediglich drei Jahre. Nun mag man darüber grübeln, ob diese Fluktuation mit der Last der Verantwortung zusammenhängt oder ob Karrieresprünge, Stellenwechsel, Umgruppierungen, Wechsel in den Aufsichtsrat für diese knappe Spanne sorgen. Denn die Manager, an die man zuerst denkt, zeichnen sich durch ein erstaunliches Beharrungsvermögen auf ihren Sesseln aus.

Zwar werden die Ehrgeizspiele „Mensch ärgere dich nicht", „Monopoly", „Reise nach Jerusalem" gern als Spiegel der Wirtschaft wie der Gesellschaft interpretiert, weil sie angeblich der Einübung kapitalistischer Rücksichtslosigkeit dienen und zugleich lehren, als Verlierer die Contenance zu wahren. Aber diese Contenance, obwohl oft vonnöten, da die Zahl der Verlierer stets größer als die der Gewinner ist, wird nur selten mit der rechten Eleganz geübt. Die Gelegenheiten dazu ergeben sich allerdings auch nicht häufig, weil alle Blicke auf den gerichtet sind, der Erster wurde. „Der Beste soll siegen", verkündet eine Regel, die nicht nur im Sport gilt. Allerdings ist sie für die meisten mit der Einsicht verbunden: „Dann siege ich nie." Also schließt sie alle Mittel ein, den Besseren zu übervorteilen. Denn das Ziel ist nicht das altolympisch rührende „Dabei sein ist alles", sondern das rigorose „Allein der Sieg zählt". Das wussten bereits die Athleten bei den Olympischen Spielen der Antike, die keinen Trick verschmähten, der dem Sieg über den Besseren förderlich sein konnte.

Der Blick auf die Vergangenheit kann – nicht nur in diesem Falle – recht ernüchternd sein. Aber so manchem fällt es schwer, das, was einst war, nüchtern zu betrachten. Stattdessen werden Regeln und moralische Maßstäbe der Gegenwart unhistorisch – oft auch unkritisch – an vergangene Zeiten angelegt. Und schon häufen sich die Ungerechtigkeiten, können Schuldkonten eröffnet und mit viel Pathos eingeklagt werden. Eine Entschuldigung für die Untaten der Altvorderen, heißt es dann, sei das Mindeste, das man erwarten dürfe. Allerdings muss sich nicht jeder diesen Bußritualen unterwerfen. Von Russland wird nicht verlangt, dass es als Erbe der Sowjetunion für das kommunistische Unrecht die Knie beugt. Auch China fordert man das nicht ab. Oder den Roten Khmer. Oder den Arabern für den Handel mit afrikanischen Sklaven. Aber vom Papst will man eine Entschuldigung für die Inquisition hören, vom weißen Amerika für die Unterdrückung des schwarzen und des roten, von Australien für die Missachtung der Aborigines, von Deutschland für die Morde an den Hereros im heutigen Namibia, von der Türkei für die tödliche Ausgrenzung der Armenier, von den Engländern für die Bombardierung Dresdens, von den Israelis für die Vertreibung der Palästinenser, von den Kolonialmächten generell für ihre Kolonialherrschaft, von diversen Ländern für die schlechte Behandlung der Zigeuner (die natürlich keine Zigeuner sein sollen, sondern Sinti und Roma).

Die Liste lässt sich endlos verlängern. Nur die Universität Utrecht nimmt in ihr einen etwas seltsamen Platz ein. Am 23. März 2005 fand dort eine Zeremonie statt, während der eine lateinisch abgefasste Erklärung verlesen wurde, in der die Hochschule „feierlich das vom Universitätssenat verabschiedete Urteil vom 17. März 1642 (alten Stils)" widerrief und sich ausdrücklich bei René Descartes für die Verurteilung der „Neuen Philosophie" entschuldigte, indem man versprach, dass seine „Philosophie an dieser Universität bis in alle Ewigkeit gelehrt werden möge". Das Ritual, mit akademischem Ernst zelebriert, als ob zwischen Verurteilung und Entschuldigung nicht 363 Jahre lägen, entbehrte nicht einer gewissen Komik.

Solch ein mitfühlender und zugleich ironisch-distanzierter Umgang mit der Vergangenheit ist natürlich allen denen suspekt, die sich ihr nicht zuwenden, um das Geschichtsbewusstsein zu stärken und neue historische Erkenntnisse zu gewinnen, sondern um ein Reservoir der Schuld und Scham zu entdecken. Mit ihnen verbünden sich schnell findige Rechtsanwälte, die das Unrecht, das vor vielen Jahrzehnten oder Jahrhunderten geschah, mit Sammelklagen vor einen Kadi zu zerren und auszumünzen trachten. Denn dieses Pharisäertum Nachgeborener, das die früheren Verhältnisse nicht aus ihrer Zeit selbst zu verstehen und erklären versucht, sondern sich ihnen anachronistisch moralisierend nähert, beansprucht, die gegenwärtigen Generationen für die „historische Schuld" ihrer Vorfahren und Vor-Vorfahren beurteilen und verurteilen zu können. Die Sippenhaft wird auf diese Weise zur Nationalhaftung erweitert, verbunden mit einer Kollektivschuld. Die Zeit, in diesem Fall die historische, entpuppt sich dabei fürwahr als ein „sonderbar Ding".

Nun steht außer Zweifel, dass es nicht nur eine Vergangenheit, sondern viele Vergangenheiten gibt. Für China reicht sie Jahrtausende zurück, für Amerika wenige Jahrhunderte. Das nationale Selbstverständnis der Briten bezieht sich auf die „Magna Charta" von 1215, das der Iren – „Die Briten vergessen es immer, die Iren vergessen es nie" – auf 1649 und 1690, auf Cromwells Massaker von Drogheda und auf den Sieg Wilhelms von Oranien über James II. und die Katholiken am Boyne. Für Korea, durch die Jahrhunderte von China bedrängt und Anfang des 20. Jahrhunderts von Japan kolonialisiert, ist König Sejong im 15. Jahrhundert die wichtige Gestalt, weil er mit der koreanischen Alphabetschrift (Han-gul) dem Selbstbewusstsein der Nation in all den Jahrhunderten der Bedrückung einen Anker schuf. Polen, nach der dritten Teilung 1795 nur noch eine „geistige Nation", lebte in einem ähnlichen Zwiespalt: „Auch uns nennt man im Westen den Osten, und im Osten den Westen" (Lec).

Die Deutschen sind sich nicht sicher, ob sie sich auf Karl den Großen, auf „Kaiser Rotbart lobesam", die gescheiterte Revolution von 1848 oder die Reichsgründung von 1871 berufen sollen. Und während die einen einst „Die Gedanken sind frei" anstimmten, die anderen „Die Wacht am Rhein" und bald auch „Heil Dir im Siegerkranz", hielten sich die Opportunisten an Texte und Weisen, die mit der Zeit gingen. Wenn seinerzeit in der DDR geschmettert wurde „Dem Karl Liebknecht haben wir's geschworen, der Rosa Luxemburg reichen wir die Hand", dann war längst verdrängt, dass es zuerst hieß „Dem Kaiser Wilhelm ..." und einige Jahrzehnte später „Dem Adolf Hitler haben wir's geschworen ..." Man muss eben vergessen können. Das was gestern geschah. Beim Singen und beim Reden. Denn wer möchte heute noch daran erinnert werden, dass er vor gar nicht so langer Zeit, wenn es um die „Deutsche Frage" ging, von einer „Lebenslüge deutscher Politik" sprach und kategorisch erklärte, eine Wiedervereinigung werde es „nicht in unserer Zeit" geben? Oder dass er sich mit der SED einig war, der Sozialismus sei der beste Weg aus der „Krise des Kapitalismus"? Oder das Halbieren der Arbeitslosenzahlen sei das Mindeste, was man von ihm als Regierungschef erwarten könnte? „Kommt Zeit, kommt Rat", sagt ein Sprichwort. Allerdings soll es Fälle geben, in denen der Rat zu spät kommt, die Zeit abgelaufen ist.

Und die Moral? Stanislaw Jercy Lec erzählt „Von der unterschätzten Laryngologie":

Am Hofe des König Minus räusperte sich einmal ein Höfling (vielsagend). Der Zeremonienmeister sah ihn an (vielsagend).

„Mein Hals", entschuldigte sich heiser der Höfling. Der Hofmeister zog eine Drageeschachtel aus der Tasche.

„Gegen Heiserkeit, das hilft."

Der Höfling nahm eine Pille vorsichtig zwischen die Finger, schluckte, räusperte sich – zum letzten Mal in seinem Leben.

Die im Saal Versammelten hielten den Atem an. Sie schauderten vor Angst, sich womöglich auch räuspern zu müssen; noch hatte nämlich der Zeremonienmeister sein Döschen mit den Dragees nicht zugeklappt.

13. Mühsal der Provokation?

Von hilfreichen Regeln und Ritualen im Umgang miteinander

„Das Gegenteil von Selbstlosigkeit ist Selbstverwirklichung.“
Johannes Gross

„Bürgerlich“, gar „gutbürgerlich“, gilt vielen inzwischen als „klein-“ oder „spießbürgerlich“. Es sind Eigenschaften und Ansichten, die verachtet werden. Denn die Menschen, auf die sie passen, taugen nicht zu Revolutionären. Sie haben sich eingerichtet, kommen mit sich und ihrer Umgebung zurecht. Wählen, da wo sie meinen, dass sich etwas verändern müsse, vorgezeichnete, konfliktarme Wege. Sie sind durchaus selbstbewusst, aber „autonom“ würden sie sich nicht nennen, weil sie in die Gesellschaft eingebunden sind, sich ihr verpflichtet fühlen.

Die aber, denen alles „Bürgerliche“ ein Gräuel ist, die nicht sich aber die Welt verändern wollen, meinen, den und die Bürger aufschrecken, sie provozieren zu müssen. Ich bin nicht wie ihr, wollen sie damit demonstrieren, ich bin euch voraus, in meinem Denken, in meinem Handeln, in meinem Verhältnis zu anderen Menschen. Vor gut einem Jahrhundert, als sich die Moderne als Avantgardismus vom Zeitgeschmack entfernt hatte, war das noch ein leichtes Unterfangen. Expressionistische, kubistische, abstrakte Malerei und Skulptur, dadaistische Aktionen, „Hamlet“ im Frack, Zwölfton- und Jazzmusik, „Modern Dance“ und „Aufklärungsfilme“ eigneten sich durchaus als Bürgerschreck. Der Bubikopf, die kurzen Charleston-Kleider und zuviel nackte Haut wurden als obszön empfunden. Aber das ist alles lange her.

Nach dem Zweiten Weltkrieg genügte der kurze Moment, in dem Hildegard Knef in der „Sünderin“ nackt zu sehen war, für einen

Skandal. Und Filme wie „Sie tanzte nur ein Sommer" oder – in der DDR – „Das Mädchen Christine" hatten aus demselben Grunde Zulauf. Aber nachdem „Das Magazin" in Ost-Berlin westlichen Vorbildern folgte und jeden Monat eine Nackte im Heft druckte, war das Thema bald ausgereizt. Nur die „Aktion Saubere Leinwand" focht noch weiter gegen Phantome, die der Pornographie ähnlich sahen. Auch die Zeiten, in denen die „Pilzköpfe" der Beatles ein Erregungsthema waren, gingen schnell vorbei. Da waren dann nur noch die „Wiener Aktionisten", einige Performance-Künstler sowie Stadttheater, die mehr als ein Stadttheater sein wollten, auf künstlerische Provokationen abonniert. Und einige – wie Johann Kresnik oder Christoph Schlingensief – unterziehen sich weiterhin unermüdlich der Mühsal der Provokation. Peter Zadek, einst derselben Gilde zugerechnet, merkt deshalb mit Sarkasmus an: „Es ist fast unmöglich, heute Leute im Theater zu provozieren – außer vielleicht durch Ruhe und Intelligenz, indem man also altmodische Sachen macht und Geschichten erzählt."

Die bildenden Künstler geben sich, während sie einen komfortablen Platz im Haus der Künste zu ergattern suchen, noch gern ungebärdig. „Subversiv" ist eines der Lieblingswörter ihrer Interpreten, mit dem das nur zu oft Langweilige eine aufrüttelnde politische Dimension gewinnen soll. Auch „Grenzüberschreitung", „destruktiv", „verstörend" gehören dazu. Oder es wird auf die „interventionistische Praxis" verwiesen. Und selten fehlt das „neue Sehen", zu dem uns die Werke verhelfen sollen, damit wir das Banale als bedeutend erkennen. Aber auch wenn das als „provokativ", „provokant" oder „provozierend" deklariert wird, bleibt es Minutenkunst, schnell gesehen, oft übersehen und schon abgetan. Wer nichts zu sagen hat, vermag auch nicht zu fesseln. Die Provokation ist inzwischen ein mühsames Geschäft. Deshalb erinnern die Provokateure an die Schlusszeilen aus Bert Brechts Gedicht „Die Maske des Bösen": „Mitfühlend sehe ich/Die geschwollenen Stirnadern, andeutend/ Wie anstrengend es ist, böse zu sein."

Selbst mit der politischen Provokation ist es weitgehend vorbei. Allein die krakeelende Präsenz der extremen Rechten wird noch als Skandal empfunden. Und weil sich die Medien jedes Mal verpflichtet fühlen, ihre Abscheu und Empörung wirkungsvoll ins Bild zu rücken, bekommen die ein Echo, die kein Echo verdienen. Die Linken, die über Jahre und Jahrzehnte Medienlieblinge waren, weil sie mit „Demos", „Besetzungen", „Straßenkämpfen", „Sit-ins" den Bildmedien Bilder, den Tonmedien Krawall boten, haben es inzwischen schwerer. Es gibt keinen „realen Sozialismus", keinen „Sozialismus mit menschlichem Antlitz", keinen „Ho-Ho-Ho-Chi-Minh" und keine „Große Proletarische Kulturrevolution" samt „Großen Steuermann Mao" mehr, für den man auf die Straße gehen könnte. Die kommunistischen Reststaaten Nordkorea und Kuba bieten nichts, was bei einer öffentlichen „Solidarisierung" Pluspunkte einbrächte. Aber auch das innenpolitische Potenzial ist erschöpft, seitdem die Grünen domestiziert sind und auf ihre Reputation achten. Die Demonstrationen bei den Castor-Transporten gehören längst zur Folklore, die Ostermärsche gleichen einem Veteranentreffen, und wenn die Gewerkschaften „Warnstreiks" inszenieren, bleibt dieses zähe Ritual in der Nachrichtenroutine stecken.

Auch die demonstrative Missachtung der bürgerlichen Kleiderordnung – krawattenlos, mit Turnschuhen und langen Haaren – hat jede Auffälligkeit eingebüßt. Der Stil des Stillosen gehört zum allgemeinen Erscheinungsbild. Es wird als komische Reminiszenz empfunden, wenn man erzählt, in den Fünfzigern sei es nicht ungewöhnlich gewesen, auf den billigen Stehplätzen in der Wiener Staatsoper junge Leute im Smoking zu sehen. Heute ist dieses Kleidungsstück selbst auf den besten Plätzen in Bayreuth eine Rarität. Und dass die Terminbörse in Chicago den Händlern inzwischen gestattet, ihre Geschäfte in legerer Kleidung und ohne Krawatte abzuwickeln, unterstreicht nur, dass das Äußere als Äußerlichkeit betrachtet wird. Man mag dieses „Ich-bin-wie-ich-bin" als eine Art neuer Freiheit ansehen. Aber erzählt es nicht auch von einer Selbstbezogenheit, die das Ich für wichtiger als Höflichkeit und Respekt gegenüber dem Kunden hält, die sich auch in der formellen Kleidung manifestieren?

Der Abschied von der angemessenen Kleidung geht einher mit dem Abschied von gepflegten Umgangsformen. „Männlichkeitsrituale: die Verbeugung und der Handkuss" als Thema des Würth-Literaturpreises 2005 verrät indirekt, für wie altertümlich und exotisch die Selbstverständlichkeiten des respektvollen Umgangs miteinander empfunden werden. Dass ein Mann einer Frau in den Mantel hilft, ihr die Tür auf hält und den Vortritt lässt, ihr seinen Stuhl anbietet, ihr das Gepäck abnimmt, sie im Lokal zuerst wählen lässt und viele solche kleinen Gesten der Achtung werden mehr und mehr vergessen. Stattdessen – durch den Feminismus mit seinem Kumpel-Ideal befördert – gilt ein ruppiger Ton als Ausdruck des Selbstwertgefühls. Und für alte Leute ist es jedes Mal ein Schock, wenn junge Leute in Bahn oder Bus nicht gleichzeitig drei Sitze – einen für sich, einen für ihren Rucksack, einen für ihre Füße – beanspruchen, sondern aufstehen und ihnen ihren Platz anbieten. Das gibt es trotz aller „antiautoritären Erziehung“ und sonstiger pädagogischer Experimente noch immer. Allerdings ist bei der Fernseh-Übertragung vom Wiener Opernball oder ähnlichen Veranstaltungen in der Stimme des Reporters das Erstaunen kaum zu überhören, dass sich junge Leute nicht an Konventionen im gesellschaftlichen Umgang stören und gutes Benehmen für sie selbstverständlich ist.

In der öffentlichen Wahrnehmung werden die Generationen häufig auseinander dividiert. Die Jungen erscheinen da als selbstbewusst, aufmüpfig, unzufrieden mit den Verhältnissen, in denen sie leben müssen, weil die Älteren sie schroff und herablassend behandeln. Vorbilder, besonders die traditionellen, akzeptieren sie nicht. „Epigone“ ist ihnen, wenn sie sich in der Arena der Künste bewegen, ein Schimpfwort. Und die Einführung als „Schüler von …“, seien es Beuys, Baselitz oder Lüpertz, empfinden sie als ehrenrührig, weil sie nur durch sich selbst geformt und von niemandem sonst geprägt sein wollen. Ihnen wird eine eigenständige „Jugendkultur“ zugesprochen, mit einer spezifischen Sprache, einst bewusst, inzwischen längst unbewusst mit Vokabeln gespickt, die Ältere nicht in den Mund nehmen. Alle halben Jahre erscheint ein Buch, das behauptet, „authentisch“ diese „Jugendsprache“ zu erfassen – und das kurz darauf entwertet ist, weil auch diese Moden schneller als die Jahreszeiten wechseln.

Die Alten aber verkörpern das Gestrige und Vorgestrige, sind verknöchert, unflexibel, vorurteilsbeladen, unzufrieden und unsicher.

Das versuchen sie zu überspielen, indem sie Wert auf „preußische Tugenden“ legen, von „Anstand“ reden und Regeln respektiert sehen wollen, deren Sinn die Jungen nicht einsehen, weil sie sich dadurch unnatürlich eingeschränkt glauben. Solche Zerrbilder haben Tradition. Dichter gewannen zu allen Zeiten daraus Spannung und dramatische Zuspitzungen, dass einer ihrer Protagonisten sich nicht an die Spielregeln der Gesellschaft hält. Das kann mit dem Zynismus eines Franz Moor in Schillers „Räubern“, mit der Nonchalance Valerios in Büchners „Leonce und Lena“ oder mit dem Sarkasmus eines Euripides geschehen. In seinem Satyrspiel „Kyklops“ erklärt Polyphem, indem er seinen Gast Odysseus auffresse, folge er seiner Natur. Das Gastrecht, das er damit missachte, sei schließlich nur eine jener Konventionen, mit denen man das Leben kompliziert gemacht habe. Angesichts dieser Logik ist die sarkastische Frage von Stanislaw Jercy Lec durchaus berechtigt: „Hat ein Kannibale das Recht, im Namen dessen zu sprechen, den er gefressen hat?“

Die Psychologie und Soziologie des „Alles-Verstehens“, die so manches Urteil prägt – nicht der Täter ist schuld, sondern die gesellschaftlichen Verhältnisse sind es –, mag das als durchaus „diskussionswürdig“ empfinden. Und welche Talk-Show oder Gesprächsrunde würde den Herrn Kannibalen (ist es überhaupt politisch korrekt, ihn so zu nennen?) nicht gern ins Studio bitten, damit er der medialen Öffentlichkeit gestehen könne, warum er sich keiner Schuld bewusst sei und wie er die Rechte des nicht mehr Vorhandenen zu wahren gedenke? Schließlich gehören Geständnisse, in denen Prominente wie Allerweltsgäste ihre Seele und ihre seelischen Defizite ausbreiten, zu diesem Milieu.

Nun ist es nicht so, dass die Menschen früherer Jahrhunderte jeglichen Kummer in sich eingeschlossen hätten. Die Beichte bot, richtig verstanden, ein Ventil, das ohne Geschwätzigkeit Offenheit und Diskretion zu verbinden vermochte. Und die „gebildeten Stände“ besaßen in der Literatur ein Medium, um in der Verschlüsselung des Gedichts oder des Romans, gelegentlich auch in anonymer Bekenntnisliteratur, sich ihrer Seelenschmerzen zu entledigen. Im Gefolge von Sigmund Freud übernahmen dann die Psycho-Doktoren den Part der Beichtväter und Seelentröster, wobei die Sünden, die der Katechismus verzeichnet, hinter die sexuellen Verklemmungen als angebliche Ursache aller Übel zurücktraten. In Amerika, das in der Medizin früher als das „alte Europa“ Physis und Psyche in unterschiedliche Schubladen steckte, begann dann der Siegeszug der Psychoanalytiker – was wiederum Autoren wie Woody Allen ein weites Feld eröffnete. Und die kommunistische Welt wendete dieses Nach-außen-Kehren der geheimen Gedanken ins Politische. Die Selbstkritik, ursprünglich als Zeichen der Offenheit und des Willens, gemeinsam mit den Genossen aus „ideologischen Fehlern“ zu lernen, gedacht, wurde zur Selbstbeschuldigung, zur Selbstanklage bis zur Selbstvernichtung – oder zum lügnerischen Ritual. Und im Outing von Politikern, die ihre Homosexualität wie ein Verdienst verkünden, wird diese neue Geschwätzigkeit zu einem peinlichen Trend.

Inzwischen sind die Ergüsse psychischer Inkontinenz allgemeiner Brauch. Wer will, kann im Fernsehen zu jeder Tages- und Nachtzeit erleben, wie sich Leute ihres seelischen Kostüms entledigen, sich zu Geständnissen verleiten lassen und Charakterlosigkeiten offenbaren. Die Katharsis, die sich mancher davon versprechen mag, kippt dabei allerdings in ein neues Schuldgefühl um, indem sich das schnelle, unbedachte Wort als nachtragend erweist. Das „Aus-dem-Bauch-Reden“, „Aus-dem-Bauch-Handeln“, in 68er-Zeiten als Ausdruck einer unverklemmten Spontaneität gefordert, weil es im Widerspruch zu den gesellschaftlichen Zwängen und Konventionen einer bürgerlichen Gesellschaft steht, wird seitdem als feministische, autonome, linke (allerdings nicht sozialdemokratische) Tugend gepflegt. „Sich einbringen“, „aus sich herausgehen“, „sich emotional öffnen“, „sich selbst finden“, „sich selbst verwirklichen“ sind die Stichworte, die den Abschied von den Abstand wahrenden althergebrachten Umgangsformen betonen.

Gleichzeitig aber wird jede Leidenschaftlichkeit vermieden, gilt eine Passion als altmodisch, werden Obsessionen als krankhaft betrachtet. „Emotionen“ haben aus dieser Sicht nichts mit Gefühlen zu tun. Man gibt sich „cool“, also unberührt und unbeteiligt. Man pflegt Ironie, um zu demonstrieren, dass man über den Dingen steht. Und jegliches Pathos gilt als unerträglich. Die Folge ist die

Unfähigkeit zu feiern. Die unverbindliche Party oder ein „Go-together“ ersetzen das Fest. Feierstunden und Ehrungen geben sich eher „kritisch“ als festlich. Staatsakte verzichten auf Repräsentation und ein Zeremoniell der Würde. Und die Theater holen die Klassiker vom Podest und ziehen sie in eine Alltäglichkeit herab, die zusätzlich durch ein En-passant-Sprechen jeden Anschein, man wolle den hohen Gedanken ehren, von sich weisen.

Das alles geschieht mit einem Ernst, der jede Leichtigkeit verschmäht und das Lachen für eine Zumutung hält. „Der normale Literaturkritiker reagiert stinkig, wenn er sich unterhalten fühlt. Wenn er nicht nach Strich und Faden dumm und krumm gelangweilt wird, kann er Texte nicht ernst nehmen“, spottete Harry Rowohlt deshalb in der „Zeit“. Schließlich schauen deutscher Ernst und Humorlosigkeit Hand in Hand wie Goethe und Schiller vor dem Weimarer Nationaltheater in die Welt. „Deutsches Lachen“, obwohl vor hundert Jahren als Buchtitel gewählt, hat mit unserem Nationalcharakter nichts gemein. Davon sind selbst jene überzeugt, die sich als satirische Schriftsteller sahen. Bei Erich Kästner endet sein Fünfzeiler „Der Humor“: „In praxi ist gleichgültig, was wir meinen./Denn wir haben ja keinen.“ „Was darf die Satire?“, fragt Kurt Tucholsky und stellt gleich im ersten Satz fest: „Wenn einer bei uns einen guten politischen Witz macht, dann sitzt halb Deutschland auf dem Sofa und nimmt übel.“ Richard Wagner schließlich, eines Verhältnisses zur leichten Muse unverdächtig, lässt Siegfried gegen Mime giften: „Willst du mich weisen/Witzig zu sein/Gern bleib ich taub und dumm.“

Die Furcht, nicht ernst genommen zu werden, ist weit verbreitet. Allein der Gedanke, jemand könne sich über ihn lustig machen, lässt große und kleine Würdenträger schlecht schlafen. Denn Übelnehmerei und Kritikempfindlichkeit sind zwei altgediente Kumpane. „Ich habe durch mein ganzes Leben gefunden, dass sich der Charakter eines Menschen aus nichts so sicher erkennen lässt, wenn alle Mittel fehlen, als aus einem Scherz, den er übel nimmt“, schrieb Lichtenberg – vor zweieinhalb Jahrhunderten. Schaut man auf die Männer, die Deutschland seitdem regierten, wird man kaum jemanden finden, der Lichtenberg ins Unrecht setzte. Einzig Theodor

Heuss und Konrad Adenauer kann man nachsagen, dass ihnen Humor wie Selbstironie nicht fremd waren. Aber wer erinnert sich noch daran?

Heiterkeit, so scheint es, ist eine Ware, die in Deutschland allenfalls für den Export produziert wird. „Minna von Barnhelm“ oder „Der zerbrochne Krug“, die als Höhepunkte deutscher Komödienkunst gelten, bescheiden sich mit einer sehr zurückhaltenden Variante des Komischen. Wilhelm Busch ist lustig, wenn man dem Sarkasmus und der Schadenfreude zuneigt, aber heiter ist er nicht. Dieses Genre beherrschten erst Filmregisseure wie Ernst Lubitsch oder Billy Wilder – in ihren amerikanischen Filmen. „Spaß muss sein! Ein deutscher Imperativ“, spottete deshalb Publizist Johannes Gross.

Aber das Schöne ist, wir lassen uns diese Miesepetrigkeit nicht anmerken. Jeden Abend tritt irgendein Kabarettist, Comedian oder anderweitiger Spaßmacher im Fernsehen auf. Wenn sich Promis, Bosse, Partygänger und Politiker vor einer Kamera präsentieren, lächeln sie. Selbst Zeitungen, hinter denen ein kluger Kopf stecken soll, drucken Comics. Und unermüdlich wird alle paar Jahre versucht, ein Satiremagazin zum Leben zu erwecken. Deutschland ist doch ein komisches Land.

Und die Moral? Ist in Luigi Malerbas „Nachdenklichen Hühnern“ zu finden:

Ein antikonformistisches Huhn lief verdreckt, zerrauft und voller Läuse herum. Bald wurde es Mode, verdreckt und voller Läuse herumzulaufen. Daher beschloß das antikonformistische Huhn, sich die Federn zu glätten und sich sorgfältig zu entlausen. Als sämtliche Hühner des Hofs sich die Federn glätteten und sich entlausten, weil das die neue Mode war, zerraufte sich das antikonformistische Huhn von neuem die Federn und ließ die Läuse sprießen. Und es brüstete sich, auch Flöhe zu haben.

14. Alles neu?

Vom Innovativen, vom Neuen und von den Neos

„Das Neue ist nicht immer das Gute, weil das Gute nur kurze Zeit das Neue ist."
Arthur Schopenhauer

Das Jahr 2004 war das „Jahr der Innovation". Ende 2003 hatte Bundeskanzler Gerhard Schröder die „Partnerschaft für Innovation" mit führenden Wirtschaftsunternehmen, Wissenschaftseinrichtungen und Gewerkschaften ausgerufen. Und obwohl es ein Ministerium gibt, das die Innovation als Amtsbezeichnung führt, das Bundesministerium für Verkehr, Innovation und Technologie, wurde der Würde des anspruchsvollen Vorhabens gemäß ein Innovationsrat ins Leben gerufen. Fortan war die Innovation in aller Munde. Am Innovationsstandort Deutschland sollte kraft der Innovationsökonomie eine neue Innovationskultur erblühen, getragen von einer innovationsfreundlichen Politik, die jegliches Innovationshindernis aus dem Wege räumen würde, damit die Innovationsfähigkeit alle Innovationskräfte für Innovationsoffensiven mobilisieren könne.

Also schossen die Innovationsprojekte aus dem Boden, getragen von Innovationszirkeln und Innovationsausschüssen, vom Innovationsmanagement zu Innovationskonstellationen in Innovationsparks gebündelt, auf dass das Innovationspotenzial durch Innovationskooperationen und Innovationsbündnisse bei der Produkt-, Verfahrens- oder Dienstleistungsinnovation nicht nur innovatorische Erfolge erziele, sondern innovatorische Sprünge mache. Der Innovator war somit der Mann der Stunde. Und als sich das Jahr zu Ende neigte, forderte Ludwig Georg Braun, Präsident des Deutschen Industrie- und Handelskammertages (DIHK) bei der entsprechenden Festveranstaltung in Brüssel einen „Innovations-Check" für Deutschland und Europa.

Derweil fiel der Innovationsreport allerdings etwas mager aus. Denn es gab Kommentatoren, die daran erinnerten, dass das Jahr 2004 nicht nur das Jahr des Maut-(Toll-Collect-)Desasters war. Auch das „Projekt Fiskus", das bis 2006 eine einheitliche Software für die 650 deutschen Finanzverwaltungen entwickeln sollte, ging den Steuerzahler höchstens deshalb etwas an, weil es ohne Ergebnis rund 900 Millionen als „Innovationsinvestition" schluckte. Nicht anders endete das „Projekt Herkules", die Entwicklung eines modernen Kommunikations- und Datennetzes für die Bundeswehr, für das über zehn Jahre 6,65 Milliarden Euro eingesetzt werden sollten. Im Sommer des „Innovationsjahres" resignierte das Firmenkonsortium aus EADS, CSC und Mobilcom, weil es das Preis-Leistungsverhältnis als unrealistisch ansah. Darauf stiegen Siemens, T-Systems und IBM in den Ring – und schafften es erst nach einer Verlängerung der Abgabefrist, in den letzten Märztagen 2005 ein Angebot einzureichen. Die Innovation hat also offensichtlich gewisse Tücken.

Nicht nur in der Praxis. Auch in der Sprache und in der Theorie. Denn das lateinische *innovare* meint nicht, die Welt umzukrempeln und etwas völlig Neues zu schaffen, sondern begnügt sich mit „erneuern, wieder beleben, verjüngen, verändern". Trotzdem war das Wort durch die Jahrhunderte für Theologen eine Vokabel der Negation, der Häresie, weil es eine Abweichung von den geoffenbarten Dogmen, die als ewig und nicht einer Erneuerung bedürftig galten, einschloss. Auch für die bedeutenden Theoretiker einer Philosophie des Staates wie Montaigne, Diderot, Burke klang das Wort nach Unruhe und Revolution. Erst im ausgehenden 18. Jahrhundert gewann es, auf technische Erfindungen bezogen, einen besseren Klang.

Es korrespondiert also ursprünglich nicht mit dem sozialistischen Furor, das Bisherige umzustürzen, sondern mit der konservativen Tugend der schrittweisen Verbesserung. Ganz im Sinne von Joseph Schumpeters „Theorie der Innovation", einem Kapitel der zweibändigen „Business Cycles" von 1939. Danach kann jede Entwicklung – eine Erfindung, ein verbessertes oder neues Produkt, ein effektiveres

Verfahren, eine höhere Produktivität, eine wirkungsvollere Organisationsform – „innovativ“ sein und den Unternehmer kurzfristig aus der Konkurrenz herausheben und ihm einen Preisvorteil einbringen. Anfang der 60er-Jahre wurde Schumpeters Buch ins Deutsche übersetzt. Aber es dauerte noch ein paar Jahrzehnte, ehe der wirtschaftstheoretische Begriff zum Kleingeld einer Politik wurde, die den Stillstand mit Wörtern wie „innovativ“ zu kaschieren trachtet.

Zu diesen Wörtern gehört auch die „Neue Mitte“. Bodo Hombach, einst Kanzleramtsminister, verlieh ihr mit seinem Buch „Aufbruch. Die Politik der Neuen Mitte“ Respektabilität. Allerdings entwickelte sich diese „Neue Mitte“, von Marketingspezialisten als eine Art Markenzeichen ersonnen, um die nicht ganz so wählersympathischen Wörter „links“ und „sozialistisch“ zu vermeiden, zu einem Bastard, der sich überall wohl fühlt. Von einer „Neuen Mitte“ redet nicht nur Berlin, wenn es um den Potsdamer Platz geht, oder Oberhausen zum Lobe seines Einkaufs- und Freizeitzentrums CentrO, von einer „Neuen Mitte“ schwärmen auch Stadtplaner in Kleve, Passau, Jena und noch mancher anderen Stadt. Nicht zuletzt soll der 5er-BMW bei den Mittelklassewagen ebenso wie eine Harley-Davidson bei den Cruiser-Motorrädern eine „Neue Mitte“ besetzen. Politische Wieselworte lassen sich eben nicht als Markenname schützen. Und die Werbung vermag allemal Wörter durch inflatorischen Gebrauch ihres Sinnes zu entkleiden – falls sie zuvor überhaupt einen hatten.

„Neu“ ist durch die Werbung jedenfalls so abgeklappert, dass nur Naive glauben, was als „neu“ etikettiert wird, müsse wirklich neu sein. Schließlich konnte auch „Das neue Persil“ nicht auf den alten Slogan „Persil bleibt Persil“ verzichten. Und so wie die Neueröffnung, mit der Geschäfte auf sich aufmerksam machen, ein Pleonasmus ist – oder gibt es eine „Alteröffnung“? –, gehört der „Neuanfang“ – als ob nicht jeder Anfang etwas Neues sei – zu jenem Wortgeklingel, das Taten verspricht und es damit genug sein lässt. Eine „neue Politik“, so sinnvoll sie wäre, muss sich also ein anderes Vor-Wort ausdenken.

Die griechische Vorsilbe „neo-“ klingt zwar hübsch, eignet sich dafür allerdings kaum. Nicht nur der Neonazis und Neofaschisten wegen. Inzwischen wird sie allenthalben benutzt, um eine politische Richtung herabzusetzen. Die Neoliberals und Neocons gelten jenen, die weder liberal noch konservativ sind, als die finsteren Drahtzieher amerikanischer Politik. Und dementsprechend werden auch bei uns Neoliberale und Neokonservative ausgemacht, denen politisch angeblich nicht über den Weg zu trauen sei, gelten der Neoliberalismus wie der Neokonservativismus als Hilfswillige der Globalisierung – die natürlich des Teufels ist. Vor der Berufung von Paul Wolfowitz zum Direktor der Weltbank ist das ausgiebig als Rufmord per Schlagwort praktiziert worden. Akzeptiert werden, wenn es denn schon „liberal" sein muss, nur die „Linksliberalen".

Offen bleibt allerdings, wieso es bei diesem Aussortieren der ungeliebten „Neos", keine Neosozialen, Neosozialisten oder Neokommunisten gibt. Weil sie unverändert die alten blieben? Weil sie beanspruchen, aller historischen Irrtümer und totalitären Verbrechen zum Trotz, „links", „fortschrittlich" und „progressiv" zu sein? Wiewohl der spanische Schriftsteller Salvador de Madariaga notierte: „Der Fortschritt marschiert nicht nach links, weil man sich nicht gleichzeitig vorwärts und seitwärts bewegen kann." Aber das haben die „fortschrittlichen Parteien", ob KPD, KPdSU, SED und wie sie alle heißen, mit dem Zickzack ihrer „Generallinie" längst widerlegt. Links und inkonsequent zu sein, ist genauso möglich wie links und reaktionär. Es verrät deshalb konservative Befangenheit, wenn jemand – wie der Satiriker Brana Crncevic – anmerkt: „Auch ein Schritt zurück kann Fortschritt sein." Immerhin hat jeder, dem das Etikett „fortschrittlich" zugesprochen wurde – im Gegensatz zu den „fortschrittsfeindlichen Kräften", bei denen es genau umgekehrt ist – Anspruch darauf, dass seine guten Seiten, selbst wenn es nur ganz wenige sind, lobpreisend gewürdigt, die schlechten Seiten aber, mögen sie auch dicke Wälzer füllen, dem Vergessen anheim gegeben werden. „Fortschritt" wie „Fortschrittlichkeit" sind eben der Heiligenschein einer Metaphysik des Säkularen.

Eine solche Kanonisierung ist in den letzten Jahren wiederholt den 68ern zuteil geworden. Und selbst für die „Rote-Armee-Fraktion", obwohl ihre Verbrechen nicht zu bestreiten sind, fällt dabei noch ein wenig Lorbeer ab, wie es die „Kunstwerke" in Berlin mit der „RAF-Ausstellung“ vorgeführt haben. Zugleich gewinnt der Begriff „Generation“ eine neue, gesellschaftlich begründete Bedeutung. Ursprünglich bezeichnete man damit die einander folgenden Glieder einer Familie, wie sie Gustav Schwab in seinem oft zitierten Gedicht aufzählt: *„Urahne, Großmutter, Mutter und Kind/In dumpfer Stube beisammen sind.“* Ein wenig klingt davon nach, wenn sich manche, die in der SPD Einfluss und Macht gewonnen haben, als „Willy Brandts Enkel“ verstehen – in der CDU gibt es allenfalls Adenauers Erben, und für die CSU bleibt Franz Joseph Strauß singulär, die Eskapaden seiner natürlichen Kinder eingeschlossen. Sonst aber beansprucht jede „Generation“, die sich mit einer Jahreszahl oder einem anderen Begriff als etwas Besonderes zu charakterisieren trachtet, „neu“ und ganz anders als die Eltern und Altvorderen zu sein. Sezession nicht Sukzession ist ihr Prinzip. In der Kulturwelt bedeutet das, dass der neue Theaterintendant verkündet, alles anders als sein Vorgänger machen zu wollen. Und der neue Museumsdirektor gibt sich „progressiv“, indem er die Bilder neu hängen lässt, Werke hinzufügt, auf die die Sammlung bisher bewusst verzichtete – eine Zeit lang eignete sich Beuys dafür besonders gut, aber inzwischen ist auch der von gestern –, also indem er nicht die museale Kontinuität, sondern den Bruch mit dem Bisherigen unterstreicht.

Diese Umdeutung des Generationsbegriffs ist allerdings kein Verdienst der 68er. Ihnen ging der Soziologe Helmut Schelsky voraus, aufbauend auf Karl Mannheims Aufsatz „Das Problem der Generationen“ von 1928 mit seiner Definition der Generationen als historisch und sozial geprägter Gruppen. Mit der „skeptischen Generation“ schuf Schelsky einen Sammelbegriff für die Jugendlichen, die nach dem Zweiten Weltkrieg, aller Illusionen beraubt, für ideologische Rezepte kaum anfällig waren. „Flakhelfer-Generation“ war eine andere Bezeichnung für die Jahrgänge um 1928, die der „Heldenklau“ noch erwischt hatte, um sie im „Endkampf“ nicht als Soldaten und nicht mehr als HJ-ler im Volkssturm zu verheizen.

Die 68er können jedoch für sich in Anspruch nehmen, eine Inflation der „Generationen“ ausgelöst zu haben. Als nächste betrat, schwankend zwischen Ironie, Zynismus und Sentimentalität, die

„Generation X" das Parkett. Ihr hatte Douglas Copland 1992 mit seinem Roman „Generation X. Geschichten für eine immer schneller werdende Kultur" den Namen gegeben. 1992 war auch das Geburtsjahr der 89er, ostgeprägt und westskeptisch, dem Spielen zugeneigt, aber nicht dem Mitspielen. Die „Generation Golf", gewissermaßen eine Parallel-Generation, zeichnet sich durch Wohlstand, Lässigkeit und eine prononcierte Interesselosigkeit gegenüber den öffentlichen Dingen aus. Inzwischen wird auch von einer „Generation Anführungszeichen" geredet, weil sie der Welt scheinbar nur mit Ironie zu begegnen vermag, von der Kleidung bis zum Habitus in Zitaten befangen und gefangen ist. Und ihr zur Seite stehen die „Generation @" der Computersüchtigen und die „i-Generation", die dem iPod wie anderen Geräten verfallen ist und die die Kommunikation über technische Apparate dem persönlichen Gegenüber vorzuziehen scheint.

Bei diesen Benennungen spielt die journalistische Lust am Kategorisieren allerdings eine größere Rolle als eine fundierte empirisch wissenschaftliche Begründung. Aber das ist bei den 68ern, die sich als politische Generation mit dem „richtigen Bewusstsein" sehen, und die wünschen, die „Nullbock-Generation" möge als ihr mit Anarchismus getarntes, spießbürgerliches Gegenbild gesehen werden, nicht anders. Filmregisseur Jean-Luc Godard hat sie zu Recht als die „Kinder von Marx und Coca-Cola", als eine schizoide Generation zwischen Klassenkampf und Konsum charakterisiert. Denn längst hat sich der von Dutschke ausgerufene „lange Marsch durch die Institutionen" für die Ehrgeizigen unter den 68ern als flotter Fahrstuhl zu einer politischen Karriere mit Pensionsberechtigung erwiesen. Abgestützt, gefördert und gesichert durch ein Netz einstiger Mitstreiter und gefestigt durch einen Kult gemeinsamer Erinnerungen an mal „bleiern", mal „revolutionär" genannte Zeiten. Ihr Ideal ist jene „Partei der institutionalisierten Revolution", die es als *Partido Revolucionario Institucionalizada* (PRI) tatsächlich in Mexiko gibt und die sich dort immerhin 71 Jahre an der Macht halten konnte. Inzwischen wird jedes Datum, das sich auf Ereignisse 1968 beziehen lässt, zum Erinnerungstag erhoben, um den „Innovationsschub" der 68er-Bewegung herauszustreichen, verklärt durch die Behauptung, erst ihr sei es gelungen, die „restaurative Adenauerzeit“ hinter sich zu lassen, die Nazivergangenheit der Deutschen aufzuarbeiten und den Brandtschen Schlachtruf „Mehr Demokratie wagen“ Wirklichkeit werden zu lassen. Nur: Darüber kann man nicht streiten. Darüber kann man sich nur wundern.

Und die Moral? Johann Nestroy legt sie seinem „Schützling“ in den Mund:

„Wir leben doch in der Zeit des Fortschritts. Der Fortschritt ist halt wie ein neu entdecktes Land; ein blühendes Kolonialsystem an der Küste, das Innere noch Wildnis, Steppe, Prärie. Überhaupt hat der Fortschritt das an sich, dass er viel größer ausschaut, als er wirklich ist.“ Und als Refrain singt er dann: „Drum, ich schau’ mir den Fortschritt ruhig an/Und find’, ’s ist nicht gar so viel dran.“

15. Wie die Alten?

Vom Erinnern, von Traditionen und vom Vatermord

„Wenig Leute verstehen alt zu sein."
La Rochefoucauld

„Brüder zur Sonne, zur Freiheit, Brüder,
zum Lichte empor –
hell aus dem dunklen Vergangnen
leuchtet die Zukunft hervor."

Das waren noch Zeiten, als die Zukunftserwartung schmetternd und siegesgewiss besungen wurde. Aber wie die Alten sungen, so zwitschern die Jungen längst nicht mehr. Und dass der Apfel nicht weit vom Stamme falle, mag einem Obstbauern Gewissheit sein, als Maxime für den Gleichklang der Charaktere von Vater und Sohn, von Mutter und Tochter, genügt diese Redensart kaum noch. Alt und jung, gestern und morgen werden eher als Gegensätze denn als Abfolgen verstanden. „Gestern" ist keine feste Burg und „morgen" allenfalls ein Luftschloss. „Neu" verkörpert keinen Wert an sich und „alt" nichts Würdiges, Bewahrenswertes. „Jugend" irrt sich, wenn sie glaubt, eine Tugend zu sein, und „Alter" überschätzt sich, wenn es meint, die Lebensjahre wären ein Gewinn.

Den Alten ist nicht zu trauen und auf die Jugend kann man nicht setzen. Dass gestern alles besser war oder morgen alles noch besser sein werde, ist eine Chimäre, die viele gern satteln, aber nicht zu reiten vermögen. Das Neue dem Alten vorzuziehen oder das Alte allemal für besser als das Neue zu halten, kann eine altersbedingte Gewohnheit sein, eine Wahrheit ist es nicht. Solche Meinungen deuten nur die Kluft an, die sich zwischen den Generationen auftut. „Trau' keinem über dreißig", die Parole derer, die inzwischen bereits zweimal dreißig sind, brachte diese jugendstolze Verachtung auf eine treffliche Formel. Sie verband sich mit dem Anspruch, alles anders, alles besser zu machen. Ein Areopag, ein „Rat der Alten", Senatoren auf Lebenszeit, ja schon die Idee, dass Anciennität ein Pluspunkt sein könnte, war ihnen höchlichst suspekt.

Aber auch die Gegenseite hatte und hat ihre Zitate der Jugendmissbilligung parat: „Diese heutige Jugend ist von Grund aus verdorben, sie ist böse, gottlos und faul. Sie wird nie wieder so sein wie die Jugend vorher, und es wird ihr niemals gelingen, unsere Kultur zu erhalten", heißt es da. Auch „Ich habe keine Hoffnung mehr für die Zukunft unseres Volkes, wenn sie von der leichtfertigen Jugend von heute abhängig sein sollte; denn diese Jugend ist ohne Zweifel unerträglich, rücksichtslos und altklug. Als ich noch jung war, lehrte man mich gutes Benehmen und Respekt vor den Eltern, aber die Jugend von heute will alles besser wissen und ist immer mit dem Munde vorweg." Oder: „Unsere Jugend liebt den Luxus, hat schlechte Manieren, missachtet die Autorität und hat keinen Respekt vor dem Alter. Die heutigen Kinder sind Tyrannen. Sie widersprechen den Eltern, schlürfen beim Essen und wollen alles besser wissen als ihre Lehrer." Das sind natürlich keine Neuigkeiten. Der erste Satz findet sich in einem babylonischen Tonziegel eingeritzt, ist also gut 3.000 Jahre alt, während der zweite auf Hesiod, der dritte auf Sokrates zurückgeht, was ihnen die Würde von rund zweieinhalb Jahrtausenden verleiht.

„Generationskonflikt" ist das Wort, mit denen das gestörte Vater-Sohn-Verhältnis gern umschrieben – und als eine uralte Tatsache deklariert wird. Dass der Sohn dem Vater im Gewerbe folgt, er das Geschäft oder die Fabrik übernimmt, dass die Tochter als Handwerker- oder Bauernfrau wie die Mutter den Laden organisiert und zusammenhält, wird bei alledem übersehen. Stattdessen gelten die Kinder, die dem Glauben der Väter – seien es Christen oder Juden – den Rücken kehren, als typisch für den Lauf der Welt. Turgenjews „Väter und Söhne", mit dem der Begriff des Nihilisten in die Welt kam, ist ein klassisches Beispiel. Einen besonderen Platz dürfen in dieser Beweiskette aber die expressionistischen Schriftsteller einnehmen, weil sie im literarischen „Vatermord" schwelgten – Arnolt Bronnen in seinem gleichnamigen Drama, oder „Der Sohn" von

Walter Hasenclever, der verkündet: „Denn bedenke, dass der Kampf gegen den Vater das Gleiche ist, was vor hundert Jahren die Rache an den Fürsten war."

Alter und Jugend sind kein Gegensatz. Und sie sind auch kein Argument. Trotzdem wird damit gern argumentiert. Denn mit einem Vorurteil, noch dazu mit einem weit verbreiteten, lebt es sich allemal besser, z.B. mit dem, das zur Redensart von der „guten alten Zeit" wurde. Da mögen die Historiker noch so wortreich nachweisen, dass die früheren Zeiten keineswegs so gut waren, dass es den Leuten nicht besser ging und die Fürsten nicht wie „Herrgott in Frankreich" lebten. Was ein rechter Pessimist ist, der antwortet auf die Frage „Wie geht's?" allemal noch „Heute besser als morgen!". Schließlich hat der Glaube an ein verlorenes Paradies, an ein glücklicheres Gestern eine weit über das Juden- und Christentum hinausreichende Tradition.

Für Hesiod, der sich über die leichtfertige, unerträgliche, rücksichtslose und altkluge Jugend beklagte, entwickelte sich die Menschheit zum Schlechten. Denn dem goldenen Zeitalter, in dem nach seinen Worten die Menschen glücklich und in denkbar größter Harmonie miteinander lebten, folgten das silberne, das bronzene und schließlich das eiserne Zeitalter seiner Gegenwart, eine trübe Zeit, von wenig sympathischen Menschen bevölkert. Bei Horaz, Vergil, Ovid finden sich ganz ähnliche Gedanken. Und die bildenden Künstler seit der Renaissance, ob Cornelisz van Haarlem, Joseph Anton Koch, Jean Dominique Ingres, Hans von Marées und viele andere, haben sich immer wieder malerisch in „Das Goldene Zeitalter" geflüchtet. Nur Rodin begnügte sich mit dem „Ehernen Zeitalter", als er den Heros seiner Zeit gestaltete, während Salvador Dalí und Luis Buñuel mit ihrem Film „L'age d'or" 1930 den Glauben an das Glück früherer Zeit surrealistisch demontierten.

Diese Vorstellung vom schönen Gestern ist kein westliches Privileg. Die „große Gleichheit" (da tong) ist den Chinesen seit Konfuzius ein Begriff. Im „Buch der Riten" (li-ji) entwickelt er das Bild eines archaischen Idealstaates, beherrscht von der Tugend als Selbstverständlichkeit für die freie Entfaltung eines jeden. Diese Idee, für Deutungen offen, spielte fortan bei vielen Bewegungen, die auf eine

Veränderung der politischen und gesellschaftlichen Zustände zielten, eine wesentliche Rolle. Das gilt für den Taiping-Aufstand und die „Hundert Tage der Reform“ Mitte und Ende des 19. Jahrhunderts, das findet sich in Kang Youweis programmatisch-utopischem „Buch von der großen Gleichheit“ (Datong shu) und das ist selbst im eklektizistischen Gemisch der Mao-Tse-tung-Ideen zu entdecken. Stets geht es darum, die Vergangenheit als Zukunftsideal zu propagieren – wobei sich das eine wie das andere als utopisch, als irreal erweist.

Die andere Seite solcher Entwürfe für das Morgen ist der Versuch, eine „Stunde null“ festzusetzen und alles, was vorher war, als unnütz, falsch, wenn nicht gar verhängnisvoll zu deklarieren. Die „Stunde null“ der Bundesrepublik Deutschland ist eine solche die Geschichte missachtende Fiktion. Einen Nullpunkt als Beginn all ihres Tun, Herkulestaten auf bislang ungepflügtem Grund gleich, beanspruchen gern neue Regierungen, die zuvor die Opposition bildeten. Über diesen Punkt gehen sie jedoch sofort hinaus, wenn sie sich Fehler, falsches Handeln vorwerfen lassen müssen. Dann soll daran stets die „Erblast“ derer, die zuvor das Ruder in der Hand hatten, schuld sein. Und erst recht gilt das für alle Revolutionäre, die mit Gewalt das Ende aller Gewalt herbeizuführen versprechen. „Ach, wir/Die wir den Boden bereiten wollten für Freundlichkeit/Konnten selber nicht freundlich sein“, heißt das bei Bert Brecht, dem Meister der literarischen Demagogie.

Solche „Unfreundlichkeit“ betrachten jedoch nicht nur Politiker und Gesellschaftsveränderer jeglichen Couleurs als Anleitung zum Handeln. Auch in den Künsten, die dem Avantgardismus ihren Tribut um jeden Preis zu entrichten trachten, gelten Traditionen als reaktionär, beansprucht man, bei null angefangen zu haben. Joan Miró, der längst die gut- wie die kleinbürgerlichen Wände erobert hat, forderte 1927: „Die Malerei muss totgeschlagen werden.“ Italiens Futuristen verkündeten bereits 1909 in ihrem Gründungsmanifest: „Wozu hinter uns blicken, da wir gerade die geheimnisvollen Tore des Unmöglichen brechen? … Wir wollen den Krieg preisen – diese einzige Hygiene der Welt … Wir wollen die Museen, die Bibliotheken zerstören, den Moralismus bekämpfen, den Feminismus und Nützlichkeiten bezweckende Feigheiten." Das Alte, die Alten Meister galten ihnen als museal. Und das meinte nicht ehrwürdig, beachtenswert, außergewöhnlich, sondern verstaubt, altstilig, vorgestrig. Vorbild war den einen die Technik – „… ein brüllendes Auto, das einem Maschinengewehr gleicht, ist schöner als die Nike von Samothrake", schrieb Marinetti –, den anderen die Kunst der Primitiven aus Afrika und Ozeanien, die jetzt, politisch korrekt, als Kunst der Naturvölker firmiert.

Andererseits, auch das darf nicht übersehen werden, waren es in den vergangenen Jahrhunderten die neuen Strömungen der Kunst, die mit Spottnamen belegt wurden. „Gotisch" nannte Vasari die in seinen Augen barbarische Kunst des Mittelalters, die auf die Reinheit der Antike folgte – und die angeblich die Goten pflegten. Als „barock" – entsprechend der Bedeutung in romanischen Sprachen für „sonderbar", „wider die Regeln", „gegen den guten Geschmack" – bezeichneten die Franzosen den Stil, der nicht ihrem klassizistischen Ideal entsprach. Der „Manierismus" hat anfangs mehr mit „manieriert" als mit einer neuen, durchaus respektablen „Manier" zu tun. „Nazareni" titulierten die Italiener spöttisch jene Deutschen, die im ehemaligen Kloster San Isidoro Quartier bezogen hatten und wieder wie Raffael malen wollten. „Romantisch" war ein Synonym für „phantastisch", „abenteuerlich", „überspannt". Als „Impressionisten" beschrieb ein Kritiker sarkastisch, abgeleitet von einem Bildtitel Monets, die vom akademischen Salon abgelehnten Maler. „Fauves", „Wilde", musste sich der Kreis um Matisse seiner farbkräftigen Kunst wegen titulieren lassen. Und der „Historismus" ist erst gegenwärtig dabei, sich von der wenig freundlichen Bezeichnung für ein Mischmasch aller möglichen historischen Stile zu einem Epochenbegriff zu wandeln.

Aber auch die Maler, die mitten im Strom des Zeitgeistes schwammen, waren gegen ironische Benennungen nicht gefeit. „Akademiker" ist längst ein zwiespältiges Wort. „Salonmaler" mussten sich jene gefallen lassen, die im alljährlichen Salon genauso vertreten waren wie an den Wänden der großbürgerlichen Salons. „Pompier", wie die in knallbunten Phantasieuniformen aufmarschierenden Feuerwehrleute, war noch eine Steigerung der Abfälligkeit, nicht weit vom „Kitschier“ entfernt. Und während das Malen im Auftrag durch die Jahrhunderte nichts Ungewöhnliches war, wurde der „Auftragskünstler“ als Diener eines undemokratischen Regimes zu einer zweifelhaften Gestalt. Nur noch vom privilegierten und gehätschelten „Staatskünstler“ übertroffen – der dann allerdings nach der Wende behauptete, die Faust schon immer in der Tasche geballt zu haben.

Die rechte Klarheit ist also in den Begriffen nicht zu finden. Und in den Erinnerungen und Beschreibungen der Geschichte oft genug ebenso wenig. Denn der Einzelne neigt ebenso wie ganze Nationen dazu, die Vergangenheit zu verklären. Was den Franzosen jenes „kleine gallische Dorf“ ist, von dem aus Asterix und Obelix zu ihren „Expeditionen“ starten, um die Römer mit Schimpf und Spott zu überziehen, ist ihnen auch, mit dem Lorbeer des Helden geschmückt, Vercingetorix. Und jenseits des Rheins stellten die Deutschen Hermann den Cherusker auf einen hohen Sockel – und verdrängten, dass er als „Dienstleister“ für die Römer begann. Nostalgie ist nicht nur ein Faible für das Vertiko aus Großväterzeiten, und der Retro-Look mehr als der Rückgriff auf Jugendstil oder Bauhaus. Der Geschmack, mag er sich auch ironisch gerieren, kokettiert dabei mit dem Gestern, mit einer angeblich stilistisch „guten alten Zeit“. Der Makart-Strauß aus toten Blumen feiert nicht zufällig in all den Kränzen, Gestecken, Arrangements fröhliche Urständ, die in den Blumenläden oftmals die lebenden Blumen verdrängen. Und auch die Seidenblumen, einst Notbehelf, weil die Gärtnerei noch an die Jahreszeiten und Klimazonen gebunden war, sind als teure Kunstwerke wie als Billigangebote in spezialisierten Läden gegenwärtig – fast echt, dauerhaft, aber nicht lebendig.

Hermann Lübbe, Professor für Philosophie und Politische Theorie in Zürich, hat als ein Charakteristikum unserer Zeit herausgearbeitet, dass sie, weil zukunftsängstlich, sich des Heute und des Gestern zu versichern trachtet. Die Folge sei ein überbordender Hang zur Musealisierung. Die Vielzahl der neuen Museen, für Kunst wie für Alltagskultur, die Denkmäler und Gedenkstätten, ein Denkmalschutz, dem fast jede Banalität, wenn sie nur ein gewisses Alter erreicht hat, erhaltenswert scheint, erzählen von diesem Eifer, das Vergangene nicht altern zu lassen. Deshalb gelten die Altersringe mehr als jede ästhetische Kategorie, ist das Schöne verdächtig, darf das Schaurige, Kitschige als Zeitzeuge posieren. Dahinter steckt allerdings eine große Unsicherheit. Wer nicht beurteilen kann – oder zu beurteilen wagt –, was künstlerisch bedeutsam und was nur Tagesware ist, neigt natürlich dazu, vorsichtshalber alles und jedes zu bewahren. Also platzen die Museen aus den Nähten, fordern sie neue Ausstellungsflächen – und überfordern ihr Publikum. Denn die Redensart, jeder solle sich doch ein eigenes Urteil bilden können, wird angesichts der vielen hundert Kunstwerke bei einer Biennale oder documenta zum Hohn. Der normale Besucher hat gar nicht die Zeit, tagelang dieses Angebot zu sondieren. Also trifft der Zufall die Auswahl, die eigentlich die Kuratoren treffen müssten. Der Besucher zappt durch die Kunst, wie er durchs Fernsehen zappt, inhaliert Minutenbröckchen und hastet schon zum nächsten Programm weiter, ohne etwas von Anfang bis Ende zu sehen.

Nicht anders ist das Verhältnis zur Geschichte. Auch da werden Ereignisse herausgeschnitten, werden Gegensätze konstruiert. Herrscher und Beherrschte erscheinen nicht mehr als Teil eines Ganzen, sondern als getrennte Welten. Man unterscheidet zwischen Täter- und Opfer-Geschichte, als ob das eine vom anderen zu trennen wäre. Und das Vergleichen der verschiedenen totalitären Systeme, vor allem des Nationalsozialismus und des Kommunismus, gilt als ungebührlich, weil selbst Wissenschaftler offensichtlich nicht den Unterschied zwischen Vergleichen und Gleichsetzen kennen, ihnen die Einsicht zu fehlen scheint, dass erst der Vergleich die Ungleichheiten deutlich macht. Solche Sprach- und Denk-Reglementierungen verraten, wie wenig es dabei um historische Erkenntnis und wie stark um eine Instrumentalisierung der Geschichte für gegenwärtige Ziele geht.

Daraus resultiert eine ambivalente Historiographie, die – vereinfacht – als Triumph- und Schuld-Geschichtsschreibung erscheint. Frankreich findet sich selbst vor allem in der Erinnerung an die große Revolution (wobei die Schreckensherrschaft übersehen wird), in den Siegen Napoleons (ohne Waterloo und St. Helena) und im Résistance-Mythos (indem man Vichy negiert). Für Italien zählen das Erbe Roms, das Risorgimento und die Resistenza (mit einem recht zwiespältigen Verhältnis zu Mussolini). Für Spanien beginnt die Geschichte mit der Reconquista, spaltete sich jedoch im 20. Jahrhundert in die, die in Franco den Retter vor dem Chaos sehen, und jene, für die die republikanische Seite im Bürgerkrieg eine gescheiterte Hoffnung war (wobei die kommunistischen Säuberungen hinter den Linien nicht zur Kenntnis genommen werden). Russland schließlich verachtet alle Historiker, die dem Rus warägische Wurzeln nachsagen. Dem Selbstbewusstsein schmeichelt dagegen der Sieg Alexander Newskis über den Deutschen Orden auf dem Eis des Peipusees 1242. Mögen St. Petersburg und die Zeit Peters des Großen aus Moskauer Sicht auch von Widersprüchlichkeit geprägt sein, weil der Slawenmythos den „Westlern" zu unterliegen drohte, sorgen der vaterländische Krieg gegen Napoleon und der Große Vaterländische Krieg gegen Hitler für nationales Selbstbewusstsein. Stalin ist allzu vielen inzwischen nicht der barbarische Tyrann, sondern ein „Zar", der für Russland eine zentrale Rolle im weltpolitischen Spiel gewann, während die Säuberungen und der GULag – so der Dumasprecher Gryslow zum 125. Geburtstag Stalins – als „innenpolitische Übertreibungen" abgetan werden.

Einer solchen Geschichtsbetrachtung als Summe von Siegen stehen Länder gegenüber, die sich aus ihren Niederlagen definieren. Für Tschechien sind das die Schlacht am Weißen Berge 1620 sowie das Münchner Abkommen, das angeblich den „Frieden für unsere Zeit" auf Kosten der Tschechen sichern sollte. Und Polens Nationalbewusstsein bezieht sich noch immer auf die Teilungen Ende des 18. Jahrhunderts, den gescheiterten Aufstand unter Kosciuszko sowie den Warschauer Aufstand 1944 (beim Ghetto-Aufstand ein Jahr zuvor teilen sich die Geister) und die verdrängte Westverschiebung nach dem Zweiten Weltkrieg. Selbst der Erfolg der Solidarnósc tritt demgegenüber in den Hintergrund. Allerdings gehört der „polnische Papst" inzwischen genauso zu den Ikonen wie Adam Mickiewicz und Frédéric Chopin, die das geistige Polen jenseits aller territorialen Realitäten verkörpern.

Dagegen neigen die beiden großen Staaten Ostasiens zu einem Sowohl-als-auch. China lebt in dem Stolz einer fast drei Jahrtausende überbrückenden Kultur und einer mehr als zweitausend Jahre währenden staatlichen Einheit. Doch spürt es noch immer den Stachel der „Ungleichen Verträge", die Bedrohung der territorialen Integrität durch die europäischen Mächte, wobei der feine Unterschied zwischen Kolonien und Pachtgebieten unerheblich ist. Der Revolution von 1911, die in einen langen Bürgerkrieg mündete, vermag man sich ebenso wenig zu freuen wie der „Befreiung" durch Mao, der dem Land zwar Unabhängigkeit, aber auch die Opfer des „Großen Sprungs nach vorn", der Kulturrevolution und unter seinem Erben Deng das Tienanmen-Massaker bescherte. Und wenn heute England, Frankreich, Deutschland nicht mehr als Bedrohung empfunden werden, so bleibt das Verhältnis zu Russland – der Grenzstreit zwischen der Sowjetunion und China seit den 60er-Jahren hat es sichtbar gemacht – genauso gespannt wie zu Japan, dessen von Arroganz und Terror geprägte Besatzungszeit bewusst lebendig gehalten wird.

Japan, das nicht anders als das gegenüberliegende Festland eine Kontinuität beansprucht, die bis in mythische Zeiten reicht, schwankt zwischen Stolz und Depression. Der Aufstieg aus der Isolation zu einer Weltmacht, die Siege über China 1895 und Russland 1905, die Kolonialisierung Koreas 1910, auch die – wenngleich nur kurzfristige – Ausdehnung des Machtbereichs über wesentliche Teile Asiens im Pazifischen Krieg nähren den Stolz, der 1945 dann jäh in die Depression des uneinsichtigen Besiegten umschlägt. Und in Unverständnis gegenüber der Kritik, wenn am Yasukuni-Schrein, der 1869 unter dem Reformkaiser Meiji errichtet wurde, aller in allen Kriegen gefallenen japanischen Soldaten, auch derer, die als Kriegsverbrecher hingerichtet wurden, gedacht wird. Dass für eine eklektizistische weltzugewandte Religion wie den Shintoismus die Frage von Schuld und Unschuld mit dem Tode irrelevant wird, ist westlichem Pharisäertum fremd, obwohl es lange genug einem toten Lenin oder Stalin seine Reverenz erwiesen hat.

So drängt sich als dritte Kategorie eine Geschichtsschreibung des Opportunismus auf. In Afrika neigen nicht wenige Staaten dazu. Sie begründen ihr Elend mit der Kolonialherrschaft, der Ausbeutung durch fremde Mächte, dem Sklavenhandel, von dem Europa wie

Amerika profitierten. Die Entwicklungshilfe empfinden sie deshalb mehr als Tribut für begangenes Unrecht denn als Anstoß zur Selbsthilfe. Und selbst wenn in politischen Kategorien gedacht wird, bleibt die vorkoloniale Zeit gewöhnlich ausgeblendet. Dass afrikanische Herrscher ihre Untertanen an arabische Händler als Sklaven verkauften – nicht anders als deutsche Duodezfürsten ihre Landeskinder als Soldaten für den Krieg gegen die Amerikaner –, dass die Kolonialmächte oft mehr investierten als sie gewannen und damit Wirtschafts- und Infrastrukturen schufen, auf denen die unabhängig gewordenen Staaten aufbauen konnten, dass sich die neuen Herren dieser Staaten bereicherten, während ihr Land verarmte, ist kein Thema. Viel entscheidender sei, so der Entwicklungssoziologe Al Imfeld, das mythische Denken, bei dem sich Vergangenheit und Gegenwart zu einer Einheit verweben und das Schicksal von geheimnisvollen Göttern wie von den Ahnen abhänge. Sich von der Vergangenheit zu trennen, auf die Zukunft zu setzen, durch demokratische Entscheide das Geflecht des Gewesenen und Gegenwärtigen zu stören, wäre deshalb ein Sakrileg, das nur Unheil heraufbeschwören würde. Womit dem Fatalismus Tür und Tor geöffnet werden.

Allein Amerika findet unter diesen Historiengemälden des „Wie-es-gewesen-sein-soll“ keinen Platz. Das liegt nicht zuletzt daran, dass die Nation, was vor allem das „alte Europa“ irritiert, in sich ruht. Der Unabhängigkeits- wie der Sezessionskrieg sind so selbstverständlich Teil der „Geburt einer Nation“, wie es die ständig nach Westen herausgeschobenen „new frontiers“ und die Eroberung des Kontinents durch die Eisenbahnen waren. Daraus erwächst die Selbstgewissheit, mag sie auch von dem Krieg um die Philippinen bis zum Irakkrieg immer wieder in Zweifel gezogen worden sein, im „Schmelztiegel“ Amerika sei das edle Metall der reinen Demokratie legiert worden. Und davon könne alle Welt nur lernen. Allerdings wollen inzwischen Gruppen, die sich als die Schlacke bei diesem Schmelzvorgang betrachten, dieses naive Bild à la Grandma Moses nicht mehr gelten lassen. Der Roman und die Fernsehserie „Roots“ fügten ihm mit den Sklaven aus Afrika und ihren Nachkommen Personen und Nebenhandlungen zu, die die Idylle um dramatische, tragische Momente bereichern. Dasselbe geschah mit Dee Browns Roman „Bury my Heart at Wounded Knee“, das den vielen Indianergeschichten aus dem Blickwinkel der Westerner die Erzählung aus indianischer Perspektive hinzufügte. Das mag aus der Ferne wie eine Aufspaltung der Nation in unvereinbare Ethnien aussehen, aber tatsächlich verdeutlicht es nur eine selbstbewusste Vielfalt in der Einheit.

Und Deutschland? Es weiß nicht recht, wann es zu sich selbst kam. Waren es Kaiser Barbarossa, Luther oder Friedrich der Große, die das Deutschsein lehrten, waren es Kant und Goethe, die Soldaten der Freiheitskriege oder die Revolutionäre von 1848, gar Bismarck oder erst Ebert? Ist die Nazizeit als Trauma oder als Schuld zu begreifen? Ist sie mit Scham zu überwinden? Ist die „unbewältigte Vergangenheit“ oder die „unbewältigte Gegenwart“ die schwärende Wunde? Zwar sind die „alldeutschen“ Phantasien der wilhelminischen Zeit längst ausgeträumt, aber ein gewisser Hochmut des „Wir-sind-wieder-wer“ mit weltpolitischen Ambitionen lässt sich nicht verkennen, ausgerechnet bei jener Partei, die sich einst als „vaterlandslose Gesellen“ von jenem Kaiser beschimpfen lassen musste, der diese teutonische Hybris verkörperte. Deutschland, wie es sich in den Jahrzehnten nach dem Zweiten Weltkrieg entwickelt und gewandelt hat, kann sich gewiss sehen lassen. Aber seiner Erfolge wird es nicht froh, weil man ihrer nicht froh werden will. Die Wiedervereinigung soll man nicht als eine glückliche Herausforderung sehen. Und die europäische Einigung schon gar nicht. Umfragen bestätigen es immer wieder: Miesepetrigkeit prägt den Nationalcharakter. Aus dem dunklen Vergangenen leuchtet keineswegs hell die Zukunft hervor. Denn alt und jung, gestern und morgen, neu und alt gehen nicht zusammen. Darüber ist man sich einig, auch wenn man sich sonst uneins ist. „Wer das Morgen nicht bedenkt, wird Kummer haben, bevor das Heute zu Ende ist“, heißt es bei Konfuzius. Das wird oft zitiert. Und fast ebenso oft wird der Vor-Satz unterschlagen: „Hoffe nicht auf Zukünftiges, denke über Vergangenes nach.“

Und die Moral? Ein reicher Jude – das soll es auch geben – kam zu einem Rabbi, einen orthodoxen, und bat ihn, Broches (Segensprüche) über seinen Porsche Carrera GT zu sprechen. „Was soll ich?", sagte der, „was Broches sind, weiß ich. Aber sag', was ist ein Porsche Carrera oder wie das neumodische Ding heißt?" Also ging der Mann zu einem anderen Rabbi, nicht ganz so orthodox, aber durchaus traditionell. „Broches? Natürlich weiß ich, was Broches sind. Und die sind nichts für ein Auto, und sei es noch so schick." Also stieg der Mann wieder in sein Vehikel und fuhr zu einem Reformrabbiner. „Was?", sagte der, „du hast einen Porsche Carrera GT? Den ganz neuen mit wassergekühltem V10-Saugmotor, mit 68°-Zylinderwinkel und 4-Ventil-Technik, mit natriumgekühlten Auslassventilen, der mit seinen 612 PS in 9,9 Sekunden von 0 auf 200 Stundenkilometer kommt? Das ist ein Auto! Aber sag', was sind Broches?"

16. Wir sanften Idioten?

Vom Glück der Vorurteile

„Ein seichter Mensch find't bald was tief."
Johann Nestroy

Als das „schönste deutsche Wort" gesucht wurde, kam „Seelenruhe" nicht vor. Auch Muße, Geduld, Zurückhaltung, Lebensklugheit, Behutsam- und Bedachtsamkeit hatten in dieser Konkurrenz keine Chance. Allenfalls wird, wenn es um Entscheidungen geht, gelegentlich auf „Die Entdeckung der Langsamkeit" (Sten Nadolny) verwiesen. Angeblich um die Tugend politischer oder unternehmerischer Nachdenklichkeit hervorzuheben, jedoch tatsächlich um Entscheidungsscheu, das Aussitzen, das Aufschieben und Vertagen zu kaschieren. Getreu dem Grundsatz: Ein Beamter entscheidet nicht, ein Beamter sichert sich ab. Das gilt keineswegs nur für Staatsdiener. Je größer eine Firma, je verzweigter ein Konzern ist, umso stärker hemmen bürokratisches Denken und Handeln das Räderwerk. Und alle Bürokraten sind, das glaubt jedermann zu wissen, ineffektiv, behäbig, faul. Beamtenwitze sind deshalb stets nach demselben Muster gestrickt: Ein Beamter stirbt nicht, er wird nur umgebettet. – Warum darf in den Behörden die Arbeitszeit nicht verkürzt werden? Weil die Beamten dann nicht genug Schlaf bekommen. – Warum erhalten Beamte beim Pförtner jeden Tag ein Brötchen? Damit wenigstens der Magen arbeitet usw.

Deshalb kann sich jeder Politiker als unkonventionell, bürgerfreundlich und schnell entschlossen gerieren, wenn er bei irgendwelchen Anlässen – ernsthaften wie beiläufigen – verkündet, man wolle das Problem „unbürokratisch" lösen. Nur stellt sich gewöhnlich heraus, dass es, sobald das Ereignis nicht mehr die Schlagzeilen beherrscht, mit dem unbürokratischen Eifer nicht weit her war. Es sei denn, damit wird – wie bei dem sogenannten Volmer-Erlass mit der „unbürokratischen Weisung", bei dem Erteilen von Visa „in dubio pro libertate" zu entscheiden – eine „andere" Politik verfolgt.

Während man im Auswärtigen Amt den Beamten zutraute, dass ihre Lateinkenntnisse ausreichten, um die mit der lateinischen Formel kaschierte Änderung in der Praxis im Sinne des grünen Koalitionspartners zu verstehen, meint sonst der Begriff des „Unbürokratischen", dass man den eigenen Leuten und ihrer Arbeitsweise zwar traut, ihnen jedoch nichts zutraut. Jedenfalls nichts jenseits der Routine und der verwaltungsüblichen Langsamkeit. Da der Einzelne in der Bürokratie der staatlichen Verwaltung wie der Industrie die Entscheidungs- und Produktionsabläufe scheinbar nicht mehr zu durchschauen vermag, werden nicht selten Weisungen gegeben und Anordnungen verfügt, die der Komplexität nicht gerecht werden und infolgedessen neue Probleme entstehen lassen.

Zwar gehört Hölderlin nicht gerade zur gängigen Management-Literatur. Seine Zeilen jedoch „Wo aber Gefahr ist, wächst das Rettende auch" werden gern zitiert, um aus dem üblichen Geschäftsgang auszubrechen und eine verfahrene Sache zur „Chefsache" zu erklären. Also verzichtet man auf die bisher genutzten „Bordmittel" und setzt alle Hoffnung auf irgendwelche Eliten – ungeachtet der Verachtung für Eliten, die man zuvor als undemokratisch und der Gleichheit abträglich degradiert hat. Nun sollen externe Experten den Stein der Weisen entdecken. Querdenker sind plötzlich gefragt, Außenseiter, Seiteneinsteiger. Sie sollen Ideen beisteuern, die dem Schlamassel ein Ende bereiten. Dass sie keine Hausmacht, keinen „Stallgeruch" haben, gilt dabei als Vorteil. Denn das wären Eigenschaften, die das tatsächliche Machtgefüge durcheinander bringen, die Vorherrschaft der Herrschenden gefährden könnten.

So stellte sich in der politischen Praxis immer wieder heraus, dass der Glaube an die Durchsetzungskraft der *One-Dollar-Men* aus der Wirtschaft, jener Männer, die „für 'n Appel und 'n Ei" aus der Patsche helfen sollten, oder der im Kulturmanagement bewährten Akademiker den Gegebenheiten nicht standhielt. Ernst Wolf Mommsen, der Thyssen-Chef, gab nur ein einjähriges Gastspiel als Staatssekretär im Verteidigungsministerium unter Helmut Schmidt.

Professor Ursula Lehr bleibt als wichtige Gerontologin, nicht aber als Familienministerin in der Regierung Kohl im Gedächtnis. Jost Stollmann, als neuer Wirtschaftsminister von Schröder im Wahlkampf aus dem Hut gezaubert, kapitulierte nach dem Wahlsieg, noch bevor er überhaupt das Amt antrat. Michael Naumann schmückte immerhin zwei Jahre als für das Kulturelle zuständiger Staatsminister die Regierung Schröder, ehe ihm der Chefsessel bei der „Zeit“ bequemer schien. „Von all den avisierten Zielen, die Naumann vor zwei Jahren vorschwebten, hat er kaum eines wirklich erreichen können. Im Gegenteil: Er ist angeeckt, hat die Länder brüskiert und ist von ihnen brüskiert worden“, schrieb die „Süddeutsche Zeitung“ zu seinem plötzlichen Abgang. Aber auch sein Nachfolger, der Philosophie-Professor Julian Nida-Rümelin, brachte es auf keine längere Amtszeit. Dessen ungeachtet forderte Adolf Muschg als Präsident der Berliner Akademie der Künste: „Die Künstler müssen sich im öffentlichen Streit mehr Gehör verschaffen. Die Kunst hat viel mehr zu sagen, als sie sich zutraut.“ Muschg unterstellte damit, dass dem Künstler im öffentlichen Streit eine besondere Stimme zuzubilligen sei. Dem hat Jürgen Habermas in seiner Dankesrede für den Kyoto-Preis, in der er auf das Dilemma der Intellektuellen in der Politik einging, widersprochen: „Er verrät seine Autorität nach beiden Seiten, wenn er nicht sorgfältig seine professionelle von seiner öffentlichen Rolle trennt. Und er darf den Einfluss, den er mit Worten erlangt, nicht als Mittel zum Machterwerb benutzen, also ‚Einfluss‘ nicht mit ‚Macht‘ verwechseln. In öffentlichen Ämtern hören Intellektuelle auf, Intellektuelle zu sein.“

Trotzdem wird weiterhin nach Querdenkern gerufen, heißt es, auch die Wirtschaft brauche die „Kraft des Querdenkens“. Als ob das Vor-, An-, Be-, Quer-, Nach-Denken, wenn schon nicht den Übeln der Welt, so doch den Übeln alltäglicher Politik – und nicht nur denen – abhelfen könnte. Dass es stattdessen besser wäre, nur zu *denken*, geht dabei unter. „Der Mensch, der denkt, ist ein entartetes Tier“, hat Jean-Jacques Rousseau einmal notiert – wobei offen bleiben muss, ob dieser Satz der Naturwissenschaft oder der Ironie zuzuschlagen sei, ob man den, der ohne diesen ganzen Vorsilben-Salat einfach nur denkt, als Trottel ansehen müsste. Die Werbung wie die berichtenden Medien erwecken jedenfalls diesen Eindruck. Sie berufen sich gern auf Prominente des unterschiedlichsten intellektuellen Zuschnitts vom Schriftsteller bis zum Model als Zeugen, obwohl die Sachen, zu denen die sich dann äußern, mit dem Hintergrund ihrer Prominenz nichts zu tun haben. Ihr Urteil begleitet deshalb weder Sach-, noch Fachverstand. Ihre Kompetenz ist lediglich eine Kompetenz des Bekanntseins, also der Ignoranz. Solange es dabei um das Anpreisen von irgendwelchen Schönheitsmitteln, Gummibärchen, Versicherungen oder Automarken geht, mag der Aufmerksamkeitswert der Prominenz Argument genug sein. Aber um Wege durch das Labyrinth politischer oder wirtschaftlicher Komplexitäten zu weisen, genügt das nicht.

Dessen ungeachtet wird nach wie vor gern Lenin zitiert, der angeblich gesagt haben soll, jede Köchin müsse in der Lage sein, die Staatsmacht zu übernehmen. Nun sind Köchinnen, noch dazu in politischen Ämtern, eine rare Spezies. Aber die Vorstellung, dass Herr und Frau Jedermann den Staat besser als die „Berufspolitiker" zu lenken vermögen, ist mehr als nur eine fixe Idee. Deshalb wird allenthalben, wenn die Lösung nicht auf der Hand liegt, nach einem „runden Tisch", der angeblich „mehr Demokratie" verspricht, gerufen. Getreu der These, jedes Problem sei im Gespräch zu lösen oder – ins Politische gewendet: „Besser miteinander reden als aufeinander schießen." Dass es am Willen zur Verständigung fehlen könnte, in der Nachbarschaft beim Streit über den Gartenzaun wie mit dem Nachbarland beim Streit über die Grenzen, wird dabei nicht einkalkuliert – oder gegen alle Erfahrung negiert. Es soll doch tatsächlich Fälle geben, in denen auch das freundlichste Gespräch nicht weiterhilft, in denen sich Streit nicht vermeiden lässt und deshalb durch- und ausgestanden werden muss. Oder, wie ein Skeptiker auf das verharmlosende „Bellende Hunde beißen nicht!" zurückgab: „Das wissen Sie. Aber weiß das der Hund?"

Schweigen gilt bei dieser Fixierung auf die permanente Öffentlichkeit als Schwäche. Wer nichts sagt, versagt, setzt sich ins Unrecht. Damit wird überspielt, dass, wer beständig redet, keineswegs informiert, sondern nur zu oft einer Logorrhöe unterliegt, einem Worterguss, der „Problembewusstsein" verraten soll, wiewohl er eher selbst zum Problem wird. Denn in all den Talk-Shows und Gesprächsrunden erscheint die geschwätzige Gesellschaft oftmals als eine besserwisserische Gesellschaft, die hochmütig auf die tumbe Masse, auf das angeblich uninformierte Volk, auf die Leute, die leicht zu verführen sind, herabschaut. Diese Oft-, Gern- und Viel-Redner huldigen dem Vorurteil, keine Vorurteile zu haben.

„Vorurteile sind die Vernunft der Narren", behauptete Voltaire. Und das „Lexikon Sociologicus" definiert das Vorurteil als eine „verfestigte, vorgefasste Meinung über Personen, Bevölkerungsgruppen, Länder oder Sachverhalte, die nicht auf Erfahrung beruht. Meistens enthalten Vorurteile eine Abwertung anderer Menschen oder Gruppen, durch die man sich selbst und die Gruppe, der man sich zugehörig fühlt, aufwertet." Bildungshochmut paart sich deshalb gern mit dem Vorurteil, die Leute seien doof und müssten zum richtigen Bewusstsein, auch wenn ihnen das nicht bewusst sei, erzogen werden – natürlich von den Wissenden, den Besserwissenden. Ganz in diesem Sinne reimte der junge Karl Marx:

„In seinem Sessel, behaglich dumm,
Sitzt schweigend das deutsche Publikum."

Und dementsprechend meinte gut anderthalb Jahrhunderte später ein Theaterkritiker als Wiens Theater in der Josefstadt einen neuen Intendanten suchte: „Gilt es doch, die Qualitätsansprüche neueren Theaters behutsam gegen den Abonnentenhunger nach Publikumslieblingen und Salonstücken durchzusetzen."

Wer zu diesen Besserwissenden gehört, hasst natürlich, weil er polyglott ist, deutsch synchronisierte Filme, findet die Übertitel in der Oper degoutant und will im Theater, wenn schon keine Uraufführung als Beweis der Vertrautheit mit der Kunst von übermorgen gespielt wird, die Klassiker natürlich nicht „vom Blatt gespielt", sondern dem Zeitgeist entsprechend „interpretiert" sehen. Deshalb ist es inzwischen höchst unkonventionell, die konventionelle Kunst konventionell zu denken. Das „épater le bourgeois", mit dem Dadaisten, Surrealisten und andere Avantgardisten einst Aufmerksamkeit als Bürgerschreck gewannen, ist längst zum Werbegag regrediert. Dass Dürers „Adam und Eva" mit Eckfahne und Ball, dass sein Hase als Rasenornament für die Fußball-Weltmeisterschaft werben, dass die Berliner Philharmoniker mit Beethoven beim Rasieren, Bach beim Abwaschen oder Haydn mit Lockenwicklern ihr Publikum zu gewinnen versuchen, regt kaum noch jemanden auf. Die Frage ist eher, ob die, die damit angesprochen werden sollen, diese Anspielungen verstehen, ob sie eine Schule besucht haben, in der Dürer, Bach und Beethoven noch zum Lehrstoff gehörten. Denn die „bürgerliche Bildung" gilt längst – wie auch die „Sekundärtugenden" – als ein Relikt der Vergangenheit, als eine reaktionäre Form der Realitätsverweigerung.

Allerdings wird übersehen, dass es auf der anderen Seite, die mit der „antiautoritären Erziehung" begann, einen seltsamen Realitätsverlust zu verzeichnen gibt. Ist es mehr als eine hübsche Anekdote, dass ein umweltbewusster Grüner im Herbst auf die kahlen Bäume als Beweis für Umweltzerstörung und Waldsterben hinwies? Er konnte wahrscheinlich besser lesen als sehen. Und im Waldschadensbericht fand er ausgiebig ausgebreitet, wie schrecklich die Menschen mit der Natur umgehen. Dass der Forstbeamte, der seinen Wald als gesund und unbelastet meldet, nichts von den Subventionen erhält, die ihm eine möglichst drastische Schadensmeldung bescheren kann, wird als spitzfindig, wenn nicht gar als politikfeindlich abgetan. So manches Vorurteil erwächst aus institutionalisierter Inkompetenz. Und es soll Intellektuelle geben, die so fortschrittlich sind, dass sie selbst nicht merken, wie sie uralte Vorurteile reproduzieren, dass der Fortschritt, den sie preisen, die Ideologie von gestern, also die pure Reaktion ist. Über Karl Marx und den historischen Materialismus lässt sich zwar noch immer hübsch disputieren, aber dass seine Schriften als „Anleitung zum Handeln", also zum Regieren, taugen, ist inzwischen ein uraltes Vorurteil. „Die Überschätzung einer scheinbar widerspruchsfreien Theorie bedeutet stets die Unterschätzung menschlicher Fehlbarkeit und der Vorläufigkeit allen menschlichen Wissens", weiß Albrecht Dihle, dem als Althistoriker die Summe menschlicher Urteile und Vorurteile vertraut ist.

Zu dieser Fehlbarkeit gehört die Wahrnehmung der Welt mit ihrem Zwiespalt zwischen persönlicher Erfahrung und der durch die Medien vermittelten Wirklichkeit. Die Kriminalstatistik ist dafür ein charakteristisches Beispiel. In Umfragen wie in Gesprächen wird immer wieder das rapide Ansteigen der Verbrechen bei sinkender Aufklärung durch die Polizei beklagt. Das gilt besonders für die Gewaltkriminalität, also Mord, Körperverletzung, Totschlag, Raub, aber auch Autodiebstahl. Dem widerspricht jedoch die Kriminalstatistik. Danach sind seit 1993 Wohnungseinbrüche wie Banküberfalle um 45 Prozent, Morde um 41 Prozent, Autodiebstähle sogar um 70 Prozent zurückgegangen. Und die Aufklärungsrate ist in dieser Zeit um neun Prozent von 44 auf 53 Prozent gestiegen. Dass das nicht realisiert wird, hängt mit den Medien zusammen. Nach einer Untersuchung des „Medien-Tenors“ von Ende 2004 haben sich die Berichte über Kriminalität im Fernsehen (ARD, ZDF, RTL, Sat 1, Pro Sieben) von 3,5 auf 11 Prozent Sendeanteil erhöht. Und dabei geht es selten um Bagatellen, sondern, weil das attraktiver darzustellen und zu dramatisieren ist, um Schwer- und Schwerstkriminalität, also nicht um den Gelegenheitsdiebstahl oder um das Tötungsdelikt in der Familie im Affekt, sondern um organisierte Banden und internationale Verflechtungen. Das Untypische wird damit zum Allgemeinen stilisiert. Die Folge ist ein verschobenes Bild, das eine Bedrohung suggeriert, die in diesem Maße gar nicht gegeben ist.

Nicht anders sieht es bei den Naturkatastrophen aus. Auch da entsteht der Eindruck, die Welt treibe immer schneller ihrem Untergang entgegen. Das hat wesentlich mit dem Fernsehen zu tun, obwohl die Anfänge dieser Entwicklung mit dem Vordringen der Pressefotografie begannen. Erinnert sei nur an Arnold Genthes Aufnahmen vom Erdbeben in San Francisco im April 1906. Denn während bei den meisten Ereignissen die Kameras erst post festum zur Stelle sind, also über das eigentliche Geschehen nur aus zweiter Hand berichten können, lassen sich die Spuren und Verwüstungen einer Naturkatastrophe auch noch von den später Gekommenen drastisch ins Bild setzen. Ein Vergleich der wenigen authentischen Aufnahmen vom 11. September 2001 des Terroranschlags auf das World Trade Center mit den Bilderfolgen von der Tsunami-Katastrophe im Dezember 2004 macht das deutlich. Allerdings hat sich, so der Medienforscher Kurt Imhof, auch dabei der Akzent verschoben. Während früher Naturkatastrophen als unabwendbare Ereignisse hingenommen wurden, die sich dem menschlichen Handeln entziehen, wird jetzt mehr und mehr zuerst eine Schuld des Menschen vermutet. Bei Überschwemmungen der großen Flüsse gilt es als ausgemacht, dass sie wesentlich mit der Begradigung der Flussläufe, der Zerstörung der Auenwälder, die wie ein Schwamm wirkten, der „Betonierung" der Ufer, die Regen- und Tauwasser nicht mehr speichern, zusammenhängen. Und wenn, wie bei dem Tsunami, kein direktes menschliches Verschulden nachzuweisen ist, wird das Schuldkonto mit fehlenden Warnsystemen, mangelnder Vorsorge belastet.

Diese selektive Wahrnehmung und subjektive Interpretation verdeutlicht, wie leicht sich der Mensch täuschen lässt – und täuschen lassen will. Die illegale Auswanderung aus den Ländern der Dritten Welt zeigt das erschreckend. In den Heimatländern wird offensichtlich nur beiläufig registriert, wie oft dieser Versuch misslingt. Dass Hunderte auf See umkommen, weil die Boote der Schlepper überladen oder nicht seetüchtig sind, wird ebenso wenig realisiert wie das Verdursten in den scheinbar leicht zu durchquerenden Wüsten im Grenzgebiet oder der Tod in Lastwagen und Containern. Statt der vielen, die es nicht schaffen, und der meisten, die auch in Europa nur ein kümmerliches, stets gefährdetes Leben der Illegalität führen, gelten die zwei drei, die – auf welchem Weg auch immer – zu Geld gekommen sind und damit in der Heimat groß auftrumpfen, als Vorbilder. Warum sollte nicht, was denen gelungen ist, auch mir gelingen, ist die Frage, die dahinter steht. Gewinn und Verlust werden nicht nach statistischer Wahrscheinlichkeit gegeneinander abgewogen. Sie entsprechen vielmehr dem Denken jenes Chinesen, der einem Mathematiker, der ihm pedantisch vorgerechnet hatte, seine Chancen auf einen Lottogewinn stünden im Verhältnis eins zu mehreren Millionen, entgegenhält: „Wieso? Die Sache ist viel einfacher, sie steht fifty-fifty: Entweder gewinne ich oder ich verliere!"

Da ist es leicht zu fordern, es käme nicht auf das Besserwissen, sondern auf das bessere Wissen an. So bleibt nur der Trost, den der Aphoristiker Nikolaus Cybinski spendet: „Erst spät gelingt es uns, unsere Vorurteile zu begründen. Wir nennen das Altersweisheit."

Übrigens: Auch „Altersweisheit“ hatte bei der Suche nach dem „schönsten deutschen Wort“ keine Chance.

Und die Moral? Eine kleine Fabel von Franz Kafka:

„Ach“, sagte die Maus, „die Welt wird enger mit jedem Tag. Zuerst war sie so breit, dass ich Angst hatte, ich lief weiter und war glücklich, dass ich endlich rechts und links in der Ferne Mauern sah, aber diese langen Mauern eilen so schnell aufeinander zu, dass ich schon im letzten Zimmer bin, und dort im Winkel steht die Falle, in die ich laufe.“ – „Du musst nur die Laufrichtung ändern“, sagte die Katze und fraß sie.

17. Unheile Welt?

Von Tätern und Opfern, vom Eigennutz und dem braven Mann

„Die Gewalt lebt davon, dass sie von anständigen Leuten einfach nicht für möglich gehalten wird."
Hans Kasper

Die Welt ist voller Gewalt. Zeitungen, Rundfunk, Fernsehen leben davon, uns die kleinen und die großen Morde täglich frei Haus zu liefern. Allerdings sind es immer „die andern", die Gewalt ausüben: in der Schule, auf der Straße, im Betrieb, im Staate. Das erklären uns die Nachrichten, das erfahren wir im Spiel – als Verlierer. Und selbst die Natur scheint sich heutzutage weitaus häufiger als früher gewalttätig gegen die Menschheit verschworen zu haben.

Die Faszination der Gewalt, ob im Theater, im Kino, im Fernsehen, ist nicht zu unterschätzen. Kriminalromane und Kriminalfilme im Stile von Arthur Conan Doyle oder Georges Simenon, in denen ein Sherlock Holmes als Privatdetektiv oder ein Inspektor Maigret die Fälle mit seinen grauen Zellen löst und nicht wie andere Typen dieses Genres mit Fäusten, Pistolen und anderem Schieß- und Mordgerät, erfreuen sich längst abnehmender Beliebtheit. „Action" ist gefragt, nicht Nachdenklichkeit, Kombinationskraft oder Geistesschärfe. Das färbt auf die Politik ab. Zwar möchte jeder seine Ruhe haben. Aber zugleich halten es allzu viele mit Goethes Bürger beim Osterspaziergang:

„Nichts Bessers weiß ich mir an Sonn- und Feiertagen
Als ein Gespräch von Krieg und Kriegsgeschrei,
Wenn hinten, weit, in der Türkei,
Die Völker aufeinander schlagen.
Man steht am Fenster, trinkt sein Gläschen aus."

Heute steht man nicht mehr am Fenster, sondern sitzt vor dem Bildschirm, um sich angesichts der Unwirtlichkeit unserer Welt wohlige Schauer über den Rücken laufen zu lassen – natürlich mit der *reservatio mentalis,* dass man eigentlich jegliche Gewalt verabscheue. Allerdings gebe es da entscheidende Unterschiede, werfen jene ein, die sich zu denen hingezogen fühlen, die ihre gesellschaftliche Sozialisation mit dem Jahr 1968 verbinden. Man müsse zwischen der „strukturellen Gewalt" des Staates und der „Gegengewalt" gegen die Zumutungen eben dieses Staates unterscheiden. Und Letztere könne auch in „revolutionäre Gewalt" umschlagen, wie es zwei Ahnen, der eine „wissenschaftlich", der andere als Praktiker, formulierten: „Die Gewalt ist der Geburtshelfer jeder alten Gesellschaft, die mit einer neuen schwanger geht", steht bei Marx. „Die Macht kommt aus dem Lauf der Gewehre", verkündete Mao.

Die Zeiten, in denen mit der Leichtigkeit eines Vorurteils die Welt in eine „revolutionäre"/„sozialistische" und eine „konterrevolutionäre"/„reaktionär-kapitalistische" geteilt werden konnte, sind inzwischen vorbei. Selbst die Revolutionen sind nicht mehr das, was sie einmal waren. Heute ist nicht mehr von den Köpfen, die rollen mussten, von den vielen Litern Blut, die geflossen sind, die Rede. Heute verraten bereits die blumigen Bezeichnungen, dass der „Geburtshelfer Gewalt" kaum noch bemüht wird. Die „Nelken-Revolution" in Portugal machte den Anfang. Inzwischen gab es eine „Rosen-Revolution" in Georgien, die „Tulpen-Revolution" an der Seidenstraße in Kirgisien, die „Orange Revolution" in der Ukraine. Nur in Tschetschenien und Usbekistan lassen weder Präsident Putin noch Präsident Karimow „hundert Blumen blühen". Der „zivile Ungehorsam", mit dem einst Gandhi die britische Kolonialmacht in Indien in die Knie zwang und der seitdem gern – aus der Ferne – als Rezept für den Sturz von Diktatoren verschrieben wurde, verspricht Erfolg nur, wenn die Herrschaft so geschwächt ist, dass sie sich militärischen Widerstand nicht mehr leisten kann. Dieses Glück wird nur wenigen Ländern in der Dritten Welt, in der Gewaltregime eher die Regel als die Ausnahme sind, zuteil.

Die „Erste Welt" ist da besser dran. Ihrer Wirklichkeit ist die Interpretation aller gesellschaftlichen Verhältnisse als gewaltbereiter

Konfrontation zwischen „oben“ und „unten“ nur schwer abzutrotzen. Deswegen muss aber, wer seiner Liebe zur Theorie treu bleiben möchte, nicht auf einen ideologischen Überbau verzichten. „Repressive Toleranz“, Unterdrückung durch Duldung, heißt das Zauberwort. Und so rennen Kabarettisten, öffentlich gefördert und mit allen möglichen Preisen bedacht, Türen ein, die weit offen stehen, führen uns Theaterstücke das menschenverachtende Elend jener bürgerlichen Welt vor, die eben diese Theater alimentiert. Die Zeiten eines Werner Finck, der in der Nazizeit mit seinen scheinbar gestotterten Kabarett-Texten Kopf und Kragen riskiert hatte und nach Kriegsende angesichts der Banalisierung dieses Metiers bemerkte: „Seit ich alles sagen darf, fällt mir nichts mehr ein“, sind längst vorbei. Aus dem Klassenkampf wurde inzwischen ein Verteilungsstreit um das größere Stück von einem Kuchen, den man sich eigentlich gar nicht leisten kann. Gewerkschaften wie Arbeitgeber lieben es dabei, den Mund ordentlich voll zu nehmen, obwohl sie wissen, dass das Kauen leichter ist als das Verdauen. Wobei die einen noch „Warnstreik“ murmeln, während den anderen „Aussperrung“ im Halse stecken bleibt. Aber da man nicht nur das Gute, sondern das Beste will, lässt man sich von den neuen Wirklichkeiten nicht aus der Ruhe bringen.

„Es gibt sehr wenig böse Menschen“, belehrt uns Johann Nestroy, „und doch geschieht so viel Unheil auf der Welt; der größte Teil dieses Unheils kommt auf die Rechnung der vielen, vielen guten Menschen, die weiter nichts als gute Menschen sind.“ Nicht ganz so freundlich formulierte es der Schriftsteller Martin Mosebach 2005 beim Darmstädter Gespräch, als er anmerkte, „dass der Mensch zum Bösen neigt, aber nicht dazu verpflichtet ist.“ Doch dass er das Böse liebt, darüber sind kaum Zweifel erlaubt. Wir brauchen nur unsere Märchenbücher aufzuschlagen, um zu erleben, wie Hexen im Backofen verheizt, böse Schwiegermütter in einem nagelgespickten Fass zu Tode gerollt werden, wie sie in glühenden Schuhen tanzen müssen oder ihren ungeliebten Stiefsohn mit einem Truhendeckel köpfen. Selbst in der populären Kinderliteratur geht es kaum weniger drastisch zu. Schließlich verbrennt Paulinchen, büßt Konrad seine Daumen ein, fliegt Robert davon, geht es für Max und Moritz „rickeracke in die Mühle", sind die bösen Buben von Korinth zum Schluss platt gewalzt wie Kuchen. Nur dem „Rotkäppchen" haben die Brüder Grimm ein Happy End zugebilligt, anders als im französischen Original, in dem die Geschichte mit der Mahlzeit des Wolfes endet.

Das entspricht Thomas Hobbes' These im „Leviathan", wonach der Mensch dem Menschen ein Wolf ist, der Krieg aller gegen alle zu den Normalitäten unserer Welt gehört. Allerdings hat es immer wieder Versuche gegeben, auch die kriegerischen Auseinandersetzungen einem Regelwerk zu unterwerfen. Da war dann vom „Kriegsspiel" oder vom „Kriegstheater" die Rede, als ob Kampf und Streit einer Dramaturgie folgten, die dem Bühnengeschehen mit Exposition, Peripetie und Katastrophe entspräche. Dieses anschauliche Bild, demzufolge Sieger und Besiegte das Ende des Waffenganges als gottgewollt akzeptierten, hatte mit der kriegerischen Wirklichkeit allerdings zu keiner Zeit etwas zu tun. Die Ungleichheit der Waffen, der Expansionsdrang, Revanche-Gelüste und nicht zu vergessen Begriffe wie „Standesbewusstsein", „Prestige", „Ehre", Rache für eine wirkliche oder eingebildete „Beleidigung", gestützt von Macht und Geld, bestimmten das Handeln, das nicht immer „politisch" genannt werden konnte – und dass die Clausewitzsche These von der „Fortsetzung der Politik unter Einschluss anderer Mittel" ad absurdum führt.

Um diesen zerstörerischen Kreislauf zu durchbrechen, soll ein Prinz de Ligne im 18. Jahrhundert vorgeschlagen haben, die Offiziere aller Armeen in einer und derselben Militärakademie ausbilden zu lassen. Weil sie dann alle dasselbe gelernt hätten, dieselben Strategien beherrschten und dieselben Taktiken anwenden würden, also keiner besser als der andere wäre, lohnte es sich nicht, einen Krieg zu beginnen, da es weder Sieg noch Sieger geben könnte. Wer dieses „Friedenskonzept" der Gleichheit am Start wie im Ziel für naiv und wirklichkeitsfremd hält, hat das Prinzip Gesamtschule nicht verstanden.

Und das „Prinzip Hoffnung". Im Alltag wird der Buchtitel von Ernst Bloch gewöhnlich als gestelzter Ausdruck für „Hoffnung" verwendet. Aber so hat es der marxistische Philosoph nicht gemeint. Er versucht vielmehr in dem voluminösen dreibändigen Werk darzulegen, dass die Hoffnung selbst in den hoffnungslosesten Zeiten die Menschen dazu bringt, nicht zu resignieren und zu kapitulieren. Das „Prinzip Hoffnung" bildet also den Gegenpol zum „Fatalismus der Geschichte", dem jeder Glaube an eine Entwicklung zum Guten abhanden gekommen ist. Dem „Prinzip Hoffnung" entsprechen jene Männer, denen Gottfried August Bürger mit dem „Lied vom braven Mann", Ludwig Giesebrecht mit dem Gedicht „Der Lotse" oder Theodor Fontane mit „John Maynard" ein lyrisches Denkmal gesetzt haben. Diese fiktiven Helden der Selbstlosigkeit hielten sich, obwohl es ihnen das Leben kostete, an den Satz von Marie von Ebner-Eschenbach: „Man muss das Gute tun, damit es in der Welt sei."

Aber es gibt, weil die Welt nicht nur von guten Menschen bevölkert wird, auch die Gegenseite. Auch ihr haben sich die Balladendichter zugewandt. Allerdings moralbewaffnet, indem die Bösen am Ende niedersinken, „getroffen von der Rache Strahl". So geschieht es bei Schiller in den „Kranichen des Ibykus", in der „Vergeltung" von Annette von Droste-Hülshoff oder in Adelbert von Chamissos „Die Sonne bringt es an den Tag". Allerdings haben diese poetischen Texte gegenüber der Wirklichkeit einen gravierenden Nachteil: Bei ihnen gibt es keinen Zweifel, wer Opfer und wer Täter ist.

In der realen Welt jenseits der Literatur ist die Unterscheidung nicht so leicht zu treffen. Besonders wenn es um die Bewertung der totalitären Regime in der jüngeren Geschichte geht. Da gibt es anscheinend nur wenige Täter und unendlich viele Opfer, während sich die breite Mehrheit der Mitläufer, der kleinen und großen Nutznießer, zu verflüchtigen scheint. Der Politologe Norbert Frei hat für die Beurteilung der nationalsozialistischen Zeit dementsprechend drei Phasen herausgearbeitet. Für die ersten Jahre nach dem Krieg sei die Schuldverweigerung charakteristisch. Gern wurde deshalb auf das Wort des ersten Bundespräsidenten Theodor Heuss verwiesen, der gesagt hatte, es gebe zwar keine Kollektivschuld, aber eine Kollektivscham. In den sechziger Jahren begann dann, so Frei, die Schuldbearbeitung durch die skeptische Generation der Habermas und Wehler. An die aber schließe sich, durch „Im Krebsgang" von Günter Grass legitimiert, die Schuldkompensation an, der Anspruch der deutschen Überlebenden des Zweiten Weltkrieges, den Opfern zugerechnet zu werden. Ähnlich ist es mit den Nachwehen der DDR-Zeit. Auch da sollen wir glauben, dass es nichts weiter bedeutet habe, eine Verpflichtungserklärung als IM bei der Stasi zu unterschreiben. Denn jeder Denunziant behauptet, er habe niemandem geschadet. Dem widerspricht allerdings bereits der moralische Schaden, der von der Bereitschaft, der Verpflichtung zu entsprechen, ausgeht. Und grotesk wird diese Argumentation, wenn diese Zuträger behaupten, eigentlich seien sie Opfer der Verhältnisse, die sie zu der Unterschrift zwangen.

Der Hang, allenthalben „Opfer" – „unschuldige" natürlich, wie nie hinzuzufügen vergessen wird – ausfindig zu machen, prägt auch jenseits der SED-Erbschaft die Nachrichtengebung. Das gilt für die „Randgruppen der Gesellschaft" genauso wie für die Hartz-Geschädigten. Und wenn irgendwo Krieg oder Bürgerkrieg herrscht, ist stets von „unschuldigen Frauen und Kindern" die Rede. Männer dürfen offensichtlich diese Unschuldsvermutung nicht beanspruchen. Ein Mann zu sein, schließt automatisch die säkularisierte Erbsünde, den Makel des Gewalttätigen, ein. Den anderen aber, den potentiellen „Opfern" bleibt nur die permanente Angst. Schließlich wird ihnen tagtäglich berichtet und vor Augen geführt, wo und wie Schreckliches geschah, wo Autos zusammenstießen, Flugzeuge abstürzten, Fluten, Stürme oder Bergrutsche ganze Dörfer wegspülten, Männer Frauen übel mitspielten, Kinder missbraucht und ermordet wurden, das Unheil unerbittlich voranschreitet. Eine heile Welt ist dagegen keine Nachricht wert. Wen interessieren schon die Tausende Flugzeuge, Züge oder Autos, die ohne Malaisen ihr Ziel erreichten? Was soll man aus Stadtteilen berichten, die keine „Problembezirke" sind? Weshalb sollte es sich lohnen, über Leute zu sprechen, die nicht an der Nadel hängen, koksen, schnupfen, saufen? Und wem macht schon Platons These Eindruck, dass der Schaden, der einem anderen zugefügt wird, die Seele des Schädigers beschädige?

Da halten wir uns doch lieber an die Neiddebatten, die uns erklären, dass es uns schlecht geht, weil es anderen – unverdient natürlich – zu gut geht. Denn wenn es uns schon nicht gut geht, sollte es wenigstens allen gleich schlecht gehen. Die Managergehälter haben sich als ein praktikables Vehikel für Neidgefühle erwiesen, obwohl die Zahl der Aktionäre, die das zu interessieren hätte, nur eine Minderheit bildet. Die kaum geringeren Einnahmen von Sportstars, mögen die Vereine darüber auch Pleite gehen, bleiben außerhalb der Diskussion. Stattdessen wird subkutan die Vorstellung gefördert, dass alle reicher wären, wenn die Reichen arm wären. Aber auch das ist nicht neu. Bereits im Jahre 1844 stellte der „Kladderadatsch" ein Rezept gegen diese Ungerechtigkeit der Geldverteilung vor. „Die Communisten" war die Karikatur überschrieben, auf der ein Bürger den Kommunisten fragte: „Ja, du redest immer von Gleichheit und Gütertheilen, allein ich setze den Fall, wir haben getheilt und ich, ich spare meinen Theil, doch du verschwendest den Deinigen, was dann?" – „Ganz einfach!", erhält er als Antwort, „Dann theilen wir wieder!"

Schweden, das Land der großen Gleichheit *(jamlikhet)*, die zur Gleichmacherei neigt, übertrug in den siebziger Jahren dieses Prinzip in die Praxis. Astrid Lindgren hat das sarkastisch mit ihrer Erzählung „Pomperipossa in Monismanien" glossiert. Die Heldin des Märchens muss nämlich mehr Steuern zahlen, als sie einnimmt. Die berühmte Kinderbuchautorin hatte festgestellt, dass sie auf ihr Einkommen von zwei Millionen Kronen genau 2.002.000 Kronen, also 100,1 Prozent Steuern und Sozialabgaben zu zahlen hätte. Der Finanzminister hielt ihr daraufhin vor, sie sei falsch informiert, denn mit ihren 68 Jahren stehe sie bereits im Rentenalter und müsse deshalb keine Sozialabgaben, sondern lediglich 85 Prozent Steuern zahlen. Dass ihre Rechnung jedoch für jeden zutreffend war, der dieses Alter noch nicht hatte, wurde nicht bestritten. Trotzdem wäre es gewagt, einer Regierung diesen Weg, ihre Einnahmen zu verbessern, zu empfehlen. Denn Lindgren verband ihre Kritik an den schwedischen Zuständen mit der Empfehlung, die Sozialdemokraten, die das ausgetüftelt hatten, abzuwählen. Und das geschah dann auch.

„Eigennutz, heimlicher Hass und junger Leute Rath
Verderbet manche gute Stadt",

hatte man anno 1581 als Inschrift am Rathaus in Stendal angebracht. Und bei La Rochefoucauld steht: „Der Eigennutz spricht jede Sprache und spielt jede Rolle, selbst die der Uneigennützigkeit."

Deshalb meinen Spötter, Schillers berühmtes Tell-Zitat „Der brave Mann denkt an sich selbst zuletzt“ müsse mit einer deutlichen Zäsur vor den letzten beiden Wörtern gesprochen werden. Und das gelte nicht allein für die angefeindeten Manager. Da gäbe es, wenn man an lukrative Nebenbeschäftigungen von Mandatsträgern denke, auch noch manchen anderen – womit der Neiddebatte wieder neuer Stoff zugeführt wird. Denn uns fehlt der feste Glaube, der den Puritanern eigen ist, wonach Gott die Glaubenstreuen bereits in dieser Welt mit Reichtum belohnt. Wir glauben eher, dass es beim Geld wie bei der Gewalt sei: Den Profit streichen „die anderen“, die „Täter“ ein. Und wir sind die Verlierer, die „Opfer“.

Und die Moral? Die findet sich in Wolfdietrich Schnurres „Beitrag zur Farbenlehre“:

Das Eichhörnchen wurde vor einen Ausschuss befohlen und sollte Rechenschaft über die Farbe seines Felles abgeben. „Aber du bist doch genauso gefärbt“, sagte das Eichhörnchen zum Fuchs, der am Vorstandstisch saß. „Der Augenschein trügt“, sagte der Fuchs, „ich habe mich längst von meinem Fell distanziert.“

18. … und das Gegenteil?

Vom trügerischen Nutzen des Appeasements

„Jede Art von Gerechtigkeit macht mich misstrauisch."
Horst Janssen

„Gegensätze ziehen sich an", sagt ein volkstümliches Wort. Aber sind Gegensätze auch produktiv? Die niederländischen Genremaler liebten das Thema „Bauer und Satyr", eine Geschichte über die Vereinbarkeit des Gegensätzlichen. Der Satyr fragt den Bauern, warum er in die heiße Suppe puste. Damit sie kühler werde, lautet die Antwort. „Und warum pustest du im Winter in deine Hände?" – „Damit sie warm werden!" Empört verließ der Satyr das Haus, überzeugt, man wolle sich über ihn lustig machen. Die Einsicht, dass auch das Gegenteil richtig sein könnte, bedarf einiger Gedankenarbeit, untermauert von Erfahrung.

In der Politik ist nach landläufigen Vorstellungen die Opposition das Gegenteil der Regierung. Sie hätte dementsprechend gut zu finden, was die Regierung schlecht nennt. Getreu der Plattitüde: „Der Feind meines Feindes ist mein Freund." Aber so einfach ist es nicht. Solche Freundschaften erweisen sich leicht als fragwürdig. Denn diese Freunde aus Not sind nur bedingt Freunde in der Not. Deshalb hieß es einst in Ost-Berlin wie in Prag oder Warschau: „Wer die Sowjetunion zum Freund hat, braucht keine Feinde."

Dass eine Regierung kontrolliert, ihre Arbeit von einer sachkundigen Opposition kritisch begleitet werden sollte, ist für Demokratien eine Selbstverständlichkeit – während für totalitäre Regime der zynische Satz gilt, der Leo Trotzki zugeschrieben wird: „Ich kann mir durchaus ein Zweiparteien-System vorstellen: die eine Partei an der Regierung, die andere im Gefängnis!" Es ist allerdings ein weit verbreiteter Irrtum, die Opposition als das Gegenteil der Regierung zu sehen. Sie ist nicht der Gegenspieler, der dem Falschen das Richtige entgegenstellt und alles anders zu machen verspricht, sondern ein Gegenpart, der wissen sollte, was geändert werden muss und wie man das, was die Regierung gut macht, noch besser machen könnte. Zwischen Regierung und Opposition sind trotz aller Unterschiede der ethischen Voraussetzungen wie der politischen Ziele Brücken zu bauen, nicht einzureißen. Entsprechend den Vorgaben des Grundgesetzes der Bundesrepublik Deutschland, das mit dem Vermittlungsausschuss des Bundestages eine Instanz etablierte, die die Konfrontation im Gesetzgebungsverfahren auszugleichen und eine vernünftige Einigung herbeizuführen hat. Wie das Ergebnis im Großen und Ganzen aussehen wird, lässt sich in vielen Fällen voraussagen, in anderen beschert es Überraschungen.

Damit wird eine Frage aufgeworfen, die unausgesprochen alle Verhandlungen begleitet: Sollen die Partner berechenbar sein oder soll das Gegenüber völlig im Unklaren bleiben, was man will, auch was man geben will. Die Antwort muss – das gilt für die Politik der Regierung eines Landes wie für die Führung eines Unternehmens – so ambivalent wie die des Bauern ausfallen. Einerseits wirkt Berechenbarkeit stabilisierend und friedensfördernd, weil jeder weiß, was er erwarten kann, worauf er sich einzustellen hat – im Lande wie jenseits der Grenzen. Das „Gleichgewicht des Schreckens" war während des Kalten Krieges ein solches Szenario. Und als 1974 der Kanzleramtsspion Guillaume enttarnt wurde, argumentierten jene, die trotz dieser gravierenden Affäre die „neue Ostpolitik" ungerührt fortzuführen trachteten, dank des Spions wüssten die DDR wie die Sowjetunion nun aus erster Hand, dass Willy Brandts Friedenspolitik ohne Wenn und Aber ernst gemeint sei.

Tatsächlich sollten in diesem Fall wie bei jeglicher Spionage auf unredliche Weise geheime Kenntnisse gewonnen werden, mit denen man den anderen übertrumpfen und schädigen konnte. Das war und bleibt das Ziel der Wirtschaftsspionage genauso wie der politischen und militärischen Spionage. Denn die Voraussehbarkeit künftiger Aktivitäten wird allzu leicht zu einer Schwäche, die sich ausnutzen lässt. Dieser Gefahr unterliegt auch eine Politik der Offenheit. Stell dich dumm, dann bist du klug, ist deshalb oftmals die bessere Verhandlungsposition. Wer sich festlegt, wird schnell festgenagelt. Auf ihn kann – speziell durch geschickte Nutzung der Massenmedien – Druck ausgeübt werden, sodass er sich Handlungszwängen ausgesetzt sieht, die seinen eigentlichen Intentionen nicht entsprechen. Diese Technik beherrschen besonders die NGO, die Nichtregierungsorganisationen, die ohne demokratisches Mandat, jedoch angeblich in Übereinstimmung mit der Mehrheit der Bevölkerung als „Pressure-Groups" Ziele einer speziellen Klientel durchzusetzen versuchen. Das reicht von lokalen Bürgerinitiativen bis zu globalen Organisationen wie Greenpeace oder Attac, die sich in aller Regel als Verhinderungsgemeinschaften präsentieren.

In der Vergangenheit waren es stets die totalitären Diktaturen, die sich angesichts einer Politik, die die Geheimdiplomatie verschmähte, in ihrem Hang zum Abenteurertum bestätigt sahen. Hitler ging dieses Risiko immer wieder ein. Nachdem bereits die „allgemeine Wehrpflicht", die dem Versailler Vertrag widersprach, von den Alliierten des Ersten Weltkrieges hingenommen worden war, befahl er den Einmarsch in die entmilitarisierte Zone des Rheinlandes. Weil das auf keinen Widerstand stieß, folgte als Nächstes die Besetzung des Sudetenlandes und schließlich des westlichen Teils der Tschechischen Republik. Obwohl es Bündnisverpflichtungen zwischen Frankreich und Großbritannien auf der einen, Polen auf der anderen Seite gab, war die Bereitschaft der westlichen Staaten, Hitlers Expansionsdrang deutliche Grenzen zu setzen, gering. „Mourir pour Danzig?" wurde im Frankreich der Volksfrontregierung zum geflügelten Wort, das öffentlich die Bereitschaft, Polen gegen eine deutsche Aggression wirksam zu unterstützen, in Zweifel zog. „Jeder von ihnen hofft, wenn er das Krokodil nur ausreichend füttere, werde es ihn als Letzten fressen", erklärte Churchill damals zur Appeasement-Politik der Regierung Chamberlain, die über das Münchner Abkommen – Chamberlain glaubte durch seine Nachgiebigkeit den „Frieden für unsere Zeit" gerettet zu haben – direkt in den Zweiten Weltkrieg führte.

Amerika brauchte nach den Siegen in Europa und in Asien allerdings einige Zeit, ehe es das Doppelspiel der Sowjetunion, die von Demokratisierung sprach, jedoch demokratiefeindlich die Ausweitung ihres Machtbereiches betrieb, durchschaute. Deshalb hatte George F. Kennan im Winter 1945 eine „Gebrauchsanweisung für den Umgang mit dem Stalinregime" entworfen, in der er u. a. „vor einfältigen Gesten des ‚guten Willens' warnte: Kaum einer von uns kann sich vorstellen, wieviel Bestürzung und Misstrauen wohlmeinende Amerikaner in sowjetischen Hirnen durch Gesten und Zugeständnisse hervorgerufen haben, die die Russen von ihren freundschaftlichen Gefühlen überzeugen sollten. Solche Handlungen werfen ihre Berechnungen über den Haufen und bringen sie aus dem Gleichgewicht. Sie fangen sofort an zu glauben, dass sie unsere Stärke überschätzt hätten, daß sie in ihren Pflichten gegen den Sowjetstaat nachlässig gewesen seien, daß sie von uns die ganze Zeit hätten mehr verlangen sollen. Häufig bewirkt derlei genau das Gegenteil von dem, was wir erstreben."

Solchen Fehleinschätzungen unterlag Stalin, als er mit der Berliner Blockade glaubte, die Vier-Sektoren-Stadt den Alliierten entwinden und seiner Besatzungszone einverleiben zu können. Das war die erste Probe aufs Exempel, die Amerika bestand. Ihr folgte nach dem scheinbar einvernehmlichen Treffen zwischen Präsident Kennedy und Nikita Chruschtschow in Wien die Kuba-Krise. Wiederum versuchte die Sowjetunion, das strategische Gleichgewicht durch die Stationierung von Raketen auf Kuba aus der Balance zu bringen. Sie scheiterte jedoch an der Entschlossenheit der Kennedy-Regierung, diese Bedrohung selbst auf die Gefahr eines weltweiten Krieges hin abzuwehren.

Schule haben diese Beispiele allerdings nur bedingt gemacht. Da linke Ideen – weniger das „Projekt Weltrevolution" als das „Projekt Sozialismus" – sich weitreichender intellektueller Sympathien erfreuen konnten, wurde Regierungen und Regimen, die sich als „links" verstanden, ein Bonus der Nachsicht zugebilligt. Davon profitierte nicht nur die Sowjetunion, davon hatten auch die DDR wie alle kommunistischen Staaten einen Vorteil. Und davon wurde zu einem großen Teil das Bild in der Öffentlichkeit über China, Nordvietnam und die „Roten Khmer" geprägt. Die unübersehbaren Ungerechtigkeiten und Verbrechen in diesen Ländern gegenüber Andersdenkenden bagatellisierte man als „Kollateralschäden" (auch wenn es diesen Begriff damals noch nicht gab). Wenn die „Roten Khmer" wie Nordkorea dieses linke Gesinnungsguthaben inzwischen auch verspielt haben, kann China, wenngleich die Kulturrevolution und das Tienanmen-Massaker einen tiefen Schatten auf das Land werfen, davon noch zehren. Nicht nur in ideologisch befangenen Kreisen. Auch „Realpolitiker" glauben der Wirtschaftsmacht China schmeicheln zu müssen, indem sie über Menschenrechtsverletzungen wie über die aggressive Politik gegenüber Taiwan hinwegsehen.

Oft wird dabei auf die „Tugend des Bambus" verwiesen, der sich im Winde bis zum Boden neigt, um sich nach dem Sturm unversehrt wieder aufzurichten. Oder man erinnert an das jiddische Sprichwort aus der Zeit der Zwangstaufen, wonach ein Jude ohne Bart besser als ein Bart ohne Jude sei. Solche Nachgiebigkeit kann für ein Individuum in einer bedrohlichen Situation das Beste sein, was man machen kann. Allerdings gibt es auch da Unterschiede. Wer sich solche Schleichwege zum Überleben unter einem „rechten" Unrechtsregime wählt, wird schnell der „Kollaboration" beschuldigt und verdammt. Und in einem „linken" Unrechtsstaat setzt sich der Dissident in den Augen der linken Intellektuellen, die nicht unter einer solchen Bedrohung leben müssen, dem Verdacht aus, die „gute Sache des Sozialismus" diskreditieren zu wollen. Darunter hatten vor der Wende die Oppositionellen in der Sowjetunion wie in der DDR, selbst wenn sie in den Westen abgeschoben wurden, zu leiden. Denn ungeachtet des Anspruchs der geistigen Unabhängigkeit, den Politiker wie Intellektuelle für sich in Anspruch nehmen, ähneln sie nur zu oft jenen Menschen, die ihre Haltung sofort relativieren, wenn sie merken, dass sie dem modischen Denken, dem Zeitgeist, dem „Mainstream" widersprechen.

Als Politik einer Regierung, die sich behaupten muss, ist eine solche Politik des Wetterwendischen, der Nachgiebigkeit, des Opportunismus mehr als fragwürdig. Und sie wird auch nicht überzeugender, wenn man sich jene Als-ob-Duelle aus Zeiten, in denen Ehrenhändel noch mit Waffen auf Leben und Tod ausgetragen wurden, zum Vorbild nimmt. Bei manchem dieser Duelle gab man sich zwar martialisch und todesmutig, benutzte jedoch manipulierte

Waffen. Die Pistolen hatten dann einen Zündkanal, der nicht durchgebohrt war, sodass das Feuerwerk nur einen Schuss vortäuschte und die Kontrahenten dem Ritual Genüge getan hatten, ohne sich wirklich wehzutun.

Zu solch einem Ritual des Scheins hat sich inzwischen jegliche Finanzplanung entwickelt. Es ist schon lange her, dass Franz-Josef Strauß und Karl Schiller als Bundesminister der Großen Koalition unter Kurt Georg Kiesinger die Mifrifi, die „Mittelfristige Finanzplanung", aus der Taufe hoben. Damit sollte eine Bilanzierungssicherheit für mehrere Jahre erreicht werden. Doch sie blieb ein Traum, den seither jede Regierung geträumt hat und aus dem sie jäh geweckt wurde, noch ehe er sich zum Happy End runden konnte. Das musste die rot-grüne Regierung Schröder angesichts ihrer Finanz- und Steuerpolitik mehr als einmal erfahren. Unter diesem Elend der Wirtschaftspolitik litt und leidet vor allem die Wirtschaft, weil sie nicht mit Konstanten für längere Zeit rechnen kann und mit ihren Planungen zwangsläufig von der Hand in den Mund leben muss. Denn eine Bundesregierung, die kurzfristig das Finanzrecht und die Steuerbedingungen ändert und die Regelungen noch mit Sonderregelungen überlagert, erschwert langfristige Investitionen, wenn sie sie nicht sogar unmöglich macht.

„Das Geld ist der wahre Apostel der Gleichheit; wo es aufs Geld ankommt, verlieren alle sozialen, politischen, religiösen, nationalen Vorurteile und Gegensätze ihre Geltung", schrieb Rudolf von Ihering in seiner Abhandlung „Der Zweck im Recht". Welch schöne Illusion. Diesem „Apostel der Gleichheit" wurde, wie seinem Zwillingsbruder, dem „homo oeconomicus", der als wirtschaftswissenschaftliches Theoriegewächs Herr jeder ökonomischen Situation ist, weil er sachlich und emotionsfrei die Tatsachen und Zahlen gewichtet und so zu der besten rationalen Entscheidung kommt, längst der Garaus gemacht. Denn über die Wirtschaft wird schon lange nicht mehr sachlich und emotionslos debattiert. Nicht zuletzt durch die „Antikapitalismus"-Kampagne, mit der SPD-Parteichef Müntefering vor der Wahl in Nordrhein-Westfalen Stimmen zu gewinnen hoffte. Will man den Reden der Politiker glauben – und viele Manager haben sich diese schiefe Sicht der Dinge inzwischen zu

Eigen gemacht –, ist die Wirtschaft dazu da, Arbeitsplätze zu schaffen. Und wo Arbeitsplätze reduziert werden müssen oder ganz wegfallen, ist natürlich nicht von „Entlassungen“ die Rede. Da sprechen die Firmen von den wirtschaftlichen Sachzwängen einer „Arbeitsplatzverlagerung“ oder von „Umsetzungen“, deuten auch die Notwendigkeit einer „Verminderung“ oder „Streichung“ an – natürlich „sozial verträglich“. Für die Gewerkschaften handelt es sich dagegen stets um einen höchst unsozialen „Arbeitsplatzabbau“ und – noch beliebter – um „Arbeitsplatzvernichtung“.

Von Einsicht in die Funktionen und Abläufe der Wirtschaft spricht das nicht. Bereits 1952 monierte der Nationalökonom Wilhelm Röpke: „Die Menschen unserer Zeit werden mit Wissen aller Art voll gestopft, aber etwas Wesentliches lernen sie nicht: die Wirkungsweise und den Sinn des eigenen Gesellschafts- und Wirtschaftssystems zu verstehen, dessen Glieder sie sind und von dessen Funktion ihr Lebensschicksal abhängt.“ Dass erst Gewinne Investitionen ermöglichen, dass „Rahmenbedingungen“ gegeben sein müssen, dank derer sich die Investitionen rentieren, und dass diese Renditen Voraussetzung sind für eine Ausweitung der Produktion, die neue Arbeitsplätze ermöglicht, ist kein Thema, mit denen sich effektvolle Schlagzeilen produzieren lassen. Stattdessen gelten Gewinne als „unanständig“, besonders wenn sie nur auf Grund von Rationalisierungen – zu denen auch Entlassungen gehören können – zu erzielen sind. Die „Neue Zürcher Zeitung“, die deutsche Verhältnisse sowieso gelassener als die hiesige Presse sieht, amüsierte sich über jene, die im Falle der Deutschen Bank von einem „moralisch und volkswirtschaftlich fragwürdigen Kurs“ schrieben oder gleich zum Boykott aufriefen, statt zu bemerken, dass die Bank „dank einer deutlich verbesserten Rentabilität neun von zehn Mitarbeitern weiter beschäftigen, in Deutschland sogar 93 von 100 Angestellten eine längerfristige Perspektive“ bieten kann. Ein „kritischer“, „investigativer“ Journalist kann natürlich mit einer solchen faktenorientierten Sicht der Dinge keinen Blumentopf gewinnen.

Deshalb gleichen viele (Wirtschafts-)Journalisten und Manager den Protagonisten jener Begebenheit, die in Finnland die Runde machte, seit dort wieder Bären heimisch sind. Wenn man ihnen in der Einsamkeit des Waldes plötzlich gegenübersteht, heißt es in den Verhaltensregeln, die für eine solche unerwartete Begegnung ausgegeben wurden, solle man ihnen nicht in die Augen schauen, weil sie das als Aggression empfänden. Aber weglaufen solle man auch nicht, denn das deute der Bär als Schwäche – und mit seiner Laufgeschwindigkeit übertreffe er allemal den Menschen. Das alles wusste ein Jäger, der plötzlich einem Bären gegenüberstand. Doch Wissen und Fluchtinstinkt gerieten sich ins Gehege. Also wendete sich der Jäger zur Flucht. Und hinter sich, bald gefährlich dicht, hörte er die schnellen Schritte des Bären. Doch als er glaubte, das Unheil nehme nun seinen Lauf, überholte ihn der Bär und spurtete davon, weil er den Jäger genauso fürchtete wie der ihn. Offen bleibt dabei, was der Jäger und was der Bär, nachdem sie sich von dem Schreck erholt hatten, später ihren Leuten erzählten.

Denn, und da liegt die Ähnlichkeit dieser Geschichte mit den wirklichen Verhältnissen, es gibt eine gegenseitige Abhängigkeit des Politikers vom Journalisten und des Journalisten vom Politiker. Jeder ist auf das Wohlwollen des anderen angewiesen. Der eine, damit er in der Presse vorkommt, der andere, damit er Informationen aus erster Hand erhält und möglichst bevorzugt wird, um mit der einen oder anderen exklusiven Nachricht Punkte zu sammeln. Daraus entstehen – einst in Bonn, nun in Berlin – Kreise und Treffen, in denen sich Journalisten und Politiker regelmäßig begegnen. Zu den Spielregeln gehört dabei, dass das, was „off the record" mitgeteilt wird, auch nicht an die Öffentlichkeit gelangt. Wer zu so einem Kreis gehört, verfügt also über ein bestimmtes Herrschaftswissen, das ihm Rückschlüsse und Recherchen bei Themen erlaubt, die nicht unter diese Schweigevereinbarung fallen. Er wird sich also hüten, die Spielregeln zu verletzen, weil er dann sofort von diesen Treffen ausgeschlossen würde und ihm damit wichtige Informationsquellen versiegten. Die „vierte Gewalt", das zeigt die Praxis, auch wenn das nicht an die große Glocke gehängt wird, ist eben nicht der Gegenspieler, gar das Gegenteil der „ersten Gewalt". Johannes Gross notierte deshalb: „Das langweiligste Thema der Welt: wenn sich Journalisten über die Verantwortung der Presse äußern."

Und die Moral? Da empfiehlt sich James Thurber:

In den Wäldern des fernen Westens lebte einmal ein brauner Bär, der trank gerne einen guten Tropfen, konnte es aber auch bleiben lassen. Schließlich jedoch verfiel er der Gewohnheit, fast den ganzen Tag lang zu trinken. Er kam jede Nacht nach Hause gewankt, stieß den Schirmständer mit einem Fußtritt um, haute die Hängelampe herunter und rannte die Ellenbogen in die Fensterscheiben. Dann plumpste er auf den Fußboden hin und lag dort, bis er einschlief. Seine Frau war äußerst bekümmert, und seine Kinder waren sehr erschreckt.

Mit der Zeit sah der Bär das Verfehlte seines Benehmens ein, begann sich zu bessern und wurde zu guter Letzt ein berühmter Abstinenzler und unentwegter Mäßigkeitsapostel. Jedem, der ins Haus kam, predigte er über die Folgen der Trunksucht und brüstete sich damit, wie stark und gesund er geworden sei, seit er keinen Alkohol mehr anrühre. Um das vor Augen zu führen, machte er Kopf- und Handstand, schlug Rad in der Stube, stieß den Schirmständer mit einem Fußtritt um, haute die Hängelampe herunter und rannte die Ellenbogen durch die Fensterscheiben. Dann legte er sich, ermüdet von seinen gesunden Leibesübungen, auf den Fußboden und schlief ein. Seine Frau war äußerst bekümmert, und seine Kinder waren sehr erschreckt.

Man kann ebensogut vornüberfallen wie hintenüber.

19. Ach, wir Guten?

Vom deutschen Pessimismus

„Der König ist nackt – aber unter welch herrlichen Gewändern!“
Stanislaw Jercy Lec

„War ja klar: Deutsche Pessimismus-Weltmeister“, verkündete die „Tagesschau“ im Januar 2005. Ob es um die Konjunkturerwartung, die Arbeitslosigkeit, das Vertrauen in die Politik oder die allgemeine Stimmung geht: Die Deutschen sehen schwarz. Ganz anders präsentieren sich die Amerikaner. 65 Prozent blicken zuversichtlich in die Zukunft, 38 Prozent glauben an den Aufschwung, 45 Prozent vertrauen der Politik, und wiederum 45 Prozent halten die Politik ihrer Regierung für gerecht.

Nicht nur die Zahlen sind ungewöhnlich, auch ihre Präsentation war es. Ein Nachrichtenredakteur, der das „gesellschaftlich Relevante“ vom verunklärenden Objektivismus zu scheiden vermag, hätte natürlich sofort erkannt, dass immerhin ein Drittel aller Amerikaner nicht zuversichtlich in die Zukunft blickt, 62 Prozent nicht an den Aufschwung glauben und jeweils 55 Prozent weder der Politik vertrauen, noch die Politik der Regierung für gerecht halten. Schließlich hat man Nietzsche verinnerlicht, der bereits in seiner „Morgenröthe“ vom „deutschen Pessimismus“ spricht und dementsprechend sarkastisch fragt: „Und wenn dies Buch bis in die Moral hinein, bis über das Vertrauen zur Moral hinweg pessimistisch ist – sollte es nicht gerade damit ein deutsches Buch sein?“

Umfragen liefern jedenfalls ausreichend Stoff, um die deutsche Miesepetrigkeit als Nationalcharakter zu untermauern. So hatte die Zürcher Agentur Publicis Ende 2004 die morgendliche Routine der Bürger in der Schweiz, in Österreich und Deutschland erfragt. Dabei stellte sich heraus, dass sich 55 Prozent der Schweizer nach eigenem Bekunden morgens als gut gelaunt empfinden. Die Deutschen bringen es sogar noch auf einen Prozentpunkt mehr, allerdings mit umgekehrten Vorzeichen: 56 Prozent schauen missgelaunt dem kommenden Tag entgegen (und die Österreicher entschieden sich für halb und halb). Das strahlt natürlich auf die anschließenden Tätigkeiten aus. Als das Gallup-Institut 2004 das Verhältnis der Arbeitnehmer (männlich wie weiblich, Angestellte wie Arbeiter) zu ihrer Arbeit untersuchte, kam heraus, dass nur 13 von 100 Deutschen eine „hohe emotionale Bindung" bejahen (2001 waren es noch 16). Das sind zwar doppelt so viele wie in Singapur und immerhin noch einer mehr als in Frankreich, aber in Großbritannien steigt die Zustimmung auf 19, in den USA sogar auf 26 Prozent. Und das stelle, folgern die Meinungsforscher, „für die dortige Wirtschaft einen erheblichen Wettbewerbsvorteil gegenüber Deutschland" dar.

Auch jenseits solcher Zahlen verraten die Deutschen, dass sie sich nicht so leicht zum Optimismus verführen lassen. Faustens Gretchen lebt das vor, wenn sie angesichts des reichen Schmucks, den sie unerwartet zwischen ihren Kleidern entdeckt, zwischen Begehr und Verzicht hin und her gerissen schließlich seufzt: „Ach, wir Armen!" Denn Gold und Gut gelten weithin als der Tugend abträglich. Eine reichhaltige Literatur, deren Prototyp „der arme Herr Kannitverstan" ist, bezeugt das – als permanentes Missverständnis. Und es war ein Amerikaner, dem ein scheinbar beiläufiges Beispiel ins Auge stach. Wenn von einem Wirtschaftsprojekt gesprochen werde, verwiesen die Amerikaner stets auf die Risiken und Chancen, die Deutschen jedoch auf die Chancen und Risiken. Und nicht zufällig sei, wenn sich eine Aktiengesellschaft eine andere einverleibe, bei der Übersetzung aus dem „unfriendly takeover" eine „feindliche Übernahme" geworden. Stets würden in deutschen Landen zuerst das und der Böse ausgemacht. Und dementsprechend mangele es den Deutschen nicht an Feindbildern. Auch das verraten Umfragen.

Als das Allensbacher Institut im Februar/März 2005 fragte, von welchen Ländern in den nächsten Jahren die größte Gefahr, die größte Bedrohung für den Frieden ausginge, rangierten zwar der Iran, Nordkorea und Irak mit 50, 48 und 38 Prozent an der Spitze, aber Platz vier wurde Amerika von 38 Prozent zugeteilt, gefolgt von

Israel mit 25 Prozent. Dass Russland mit 7 Prozent ziemlich an den Schluss der Liste geriet, hängt wohl weniger mit einer realen politischen Einschätzung des russischen Machtpotenzials als mit dem – in anderen Umfragen erkundeten – Vertrauen in Putin als „friedlichen Zaren“ zusammen. Bush dagegen wird die Rolle des Gottseibeiuns zugeteilt. Seine Wähler müssen Deppen sein. Denn zur Arroganz des „deutschen Pessimismus“ gehört, dass er als kluge Welteinsicht verstanden werden will, wo er tatsächlich nur die Besserwisserei als sein Hauptpläsier pflegt.

Dabei wird übersehen, in welch starkem Maße diese Einsichten Ansichten einer Medienwelt spiegeln, die angeblich ständig den „Traum von den guten Nachrichten“ träumt, in der Praxis jedoch dem Enthüllungs-(Scheckbuch-) wie dem Katastrophenjournalismus huldigt. Der verkündet immer wieder: „Der Kaiser ist ja nackt“, und behauptet, durch und unter die schönen Hüllen sehen zu können, obwohl das Spekulationen bleiben müssen. Ein Blatt wie die „Neue Zürcher Zeitung“ gilt demgemäß als altstilig, weil es sich mit dem Phantasieren, was unter den schönen Kleidern sein könnte, zurückhält. Aber diese Zeitung ist in dieser Landschaft auch eine Ausnahme, indem man in ihr regelmäßig Reportagen und Analysen über Länder lesen kann, in denen nicht geputscht wurde, wo sich nicht „Freiheitskämpfer“ als Tyrannen aufspielen, wo keine Kriege und Bürgerkriege herrschen und über die keine Naturkatastrophen hereinbrachen. Die anderen Medien pflegen dagegen ihre Reporter-Teams erst dann in Gegenden, die ihnen sonst keines Gedankens wert sind, ausschwärmen zu lassen, wenn von dort bildträchtig von Mord und Totschlag, Chaos und Zerstörung berichtet werden kann, getreu dem Prinzip: „Nur schlechte Nachrichten sind gute Nachrichten.“

Die Wortwahl, die diese Art Berichterstattung begleitet, kennt keinen Positiv, kaum einen Komparativ. Es muss stets ein Superlativ sein. Früher, als die Sowjetunion noch groß und mächtig schien und deshalb für alles, was Größe hatte, ein Erstgeburtsrecht beanspruchte, wurde gespottet, die Sowjetunion habe auch die größten Zwerge. Solche „Zwerge“ geistern inzwischen allenthalben durch die Boulevardpresse und die bildsüchtigen elektronischen Medien, gleichgültig ob es öffentlich-rechtliche oder private Fernsehsender sind. Sie alle lieben die Sensationen. Ein Unfall oder ein Unglück sind ihnen uninteressant. Erst eine Katastrophe hat Nachrichtenwert. Und wenn es an wirklich desaströsen Ereignissen mangelt, wird eben ein Missgeschick zur Katastrophe hoch geredet. Denn so wie mancher manches als „optimalst" bezeichnet, weil ihm der Superlativ optimal nicht genügt (oder weil er nicht weiß, dass „optimal" bereits ein Superlativ ist), hört man, wenn es den Weltuntergangsszenarien Nachhaltigkeit zu verleihen gilt, ständig von einem Super-GAU, obwohl GAU bereits das Akronym für den „größten anzunehmenden Unfall" ist. Die Nachrichtensprache und von ihr abgeleitet die Sprache der Politik (aber vielleicht war es auch umgekehrt) verfügen eben über die magische Gabe, das Größte jenseits aller Logik noch zu vergrößern.

Oder zu verkleinern. Dementsprechend geraten normale Bürger kaum in den Blick. Da müssen es schon der „kleine Mann" oder der „Steuerzahler" sein, die von denen „da oben" über den Tisch gezogen werden. Verhalten sich aber die Bürger nicht so, wie es die politische Korrektheit meint erwarten zu können, finden sie sich als „Kleinbürger", „Spießbürger", „Spießer" abgetan. Und obwohl es zur „Basisarbeit" aller Parteien gehört, zu Gesprächen am Stammtisch einzuladen, gilt der Stammtisch in der politischen Rede als Inbegriff solcher ignoranten Spießigkeit. Allen diesen Bezeichnungen ist gemeinsam, dass sie den Einzelnen nicht respektieren, keine Individuen zu kennen scheinen, sondern nur Gruppen. Die aber teilen sich dann fast automatisch in die Leute auf, die derselben Meinung und die, die anderer Meinung, also „Feinde", sind – im Parteienjargon als „der politische Gegner" marginalisiert.

Aus diesem „Gruppendenken" erwachsen gewöhnlich Verschwörungstheorien. Recht schnell ist man mit der Behauptung zur Hand, irgendwelche finsteren Mächte würden Infames hinter dem Rücken der Ehrlichen, der „anständigen Deutschen" spinnen. In Italien gedeihen solche Verschwörungstheorien besonders gut. Da gilt, wenn in Rom irgendetwas schief läuft, der Vatikan als Strippenzieher Nr. 1. Besonders gern wird auf die Geheimloge P 2 verwiesen, die im Bunde mit dem Vatikan oder der CIA oder dem italienischen Geheimdienst und den unbelehrbaren Rechten Böses angezettelt. Als Italien bei der Weltmeisterschaft 2002 unerwartet ausschied, konnte dahinter nur eine Verschwörung der Koreaner im Bunde mit Schweden und Dänemark stecken. Und als das Auto, das die befreite Geisel Giuliana Sgrena zum Flughafen von Bagdad brachte, von amerikanischen Soldaten beschossen wurde, wusste die Journalistin, die für das kommunistische „il manifesto" schreibt, dass dahinter eine Verschwörung steckte, die sie, weil sie etwas wisse, was andere nicht wissen sollten, ausschalten wollte. „Dietrologia" wird das im Italienischen genannt, abgeleitet von „dietro" (hinter) und dem auch im Italienischen vertrauten Ausdruck „etwas hinter jemandes Rücken verbreiten".

Im Deutschen taucht in solchen Fällen sofort die „Dolchstoßlegende" auf. Sie gehört zu den Standardbehauptungen von Verlierern, denen es an Einsicht mangelt. Sie kam im Ersten Weltkrieg auf, weil da angeblich die kaiserlichen Truppen „im Felde unbesiegt" durch einen „Dolchstoß in den Rücken der Armee" gemeuchelt wurden. Seitdem ist der Begriff auf alles Mögliche und Unmögliche bezogen worden. Selbst Heide Simonis mochte nach der vierfachen Abstimmungsniederlage bei der Ministerpräsidentenwahl im schleswig-holsteinischen Landtag auf diese Plattitüde nicht verzichten. Schuld ist man nie selbst, schuld sind immer irgendwelche anonymen Kräfte, die – anders als Mephistopheles – stets das Böse wollen und auch das Böse schaffen. Deshalb gehört zu den Gedichten, die sich bei uns besonderer Popularität erfreuen, die vier Zeilen von Erich Kästner:

„Und immer wieder schickt ihr mir Briefe,
in denen ihr, dick unterstrichen, schreibt:
‚Herr Kästner, wo bleibt das Positive?'
Ja, weiß der Teufel, wo das bleibt."

Heimatrecht hat das Positive nur in der Traktat- und Ratgeberliteratur, in der der Berliner Schnoddrigkeit „Nicht gemeckert ist Lob genug" der Kampf angesagt wird. Manager sollen, so erfahren sie in Trainings- und Coaching-Programmen, bei den Angestellten das „Hauptaugenmerk auf die positiven Dinge legen und diese anerkennen", denn *„Wenn eine Gruppe positiv drauf ist und gute Ergeb-*

nisse erzielen will, kann sie enorm viel erreichen". Ein anderes Buch rät: „*Wenn die Partnerschaft zerbricht. Trennung positiv bewältigen.*" Solche Titel sind, eine Suchanfrage im Internet beschert reiche Beute, längst Legion. Das „positive Denken", aus Amerika importiert, gilt als Heilmittel für alle Misslichkeiten dieser schoflen Welt. Also wird es gepredigt, gelehrt, beschrieben und beschworen. Aber den versierten Pessimisten muss das nicht beunruhigen. Schließlich gibt es auch Positives, das höchst negativ ist. Erinnert sei nur an die „positiven Proben" in Sachen Doping oder an das fatale Ergebnis „HIV-positiv".

Dass man aber auch dem Negativen Positives abgewinnen kann, lehrt der Satz: „Propaganda ist die Kunst, den Teufel mit zwei gesunden Füßen zu fotografieren." Nur leider stammt er von Hans Kasper, einem Aphoristiker, der, was die Menschen betrifft, zwar nicht dem Pessimismus, aber dem Skeptizismus verfallen war. Und es ist auch nur bedingt nützlich, sich die Geschichte von dem Mongolenherrscher, der sich porträtieren ließ, als Lehrstück zu Herzen zu nehmen. Jenem Khan war nämlich im Kampfe nicht nur ein Auge ausgeschossen worden, er hatte auch ein verkürztes Bein, was er als erheblichen Schönheitsmangel empfand. Also forderte er, man solle ihn wahrhaftig, aber nicht hässlich ins Bild setzen. Gelänge das, erwarte den Maler reichlich Lohn, misslänge das, würde er allerdings seinen Kopf verlieren. Darauf mochte sich keiner einlassen, sodass jene Zeit als die „Zeit der verschwundenen Maler" in den Annalen erscheinen müsste. Aber da gab es noch einen jungen Spund, talentiert und mutig, der sich auf den Auftrag einließ. Er malte den Herrscher als Bogenschützen, der kniend beim Zielen ein Auge schloss.

Diese Geschichte hat sogar eine reale Parallele. Federigo de Montefeltro, der mächtige und medienbewusste Condottiere, der 1474 zum Herzog von Urbino aufstieg, hatte nämlich tatsächlich im Kampf sein rechtes Auge verloren. Man mag nun darüber spekulieren, ob die Geschichte vom einäugigen Mongolenfürsten damals bereits bekannt war. Piero della Francesca hat den Feldherrn jedenfalls auf dem berühmten Brustbild, zu dem es als Gegenstück das Bildnis seiner Frau gibt, im Profil nach links blickend gemalt, sodass der Makel nicht ins Bild kam. Und auch Pedro Berruguete, von dem das Ganzfigurenporträt Montefeltros mit seinem Sohn stammt, verewigte den Herrscher in Rüstung mit dem Herzogsornat lesend in seinem Studiolo im Linksprofil, während der Sohn frontal aus dem Bild schaut.

Sich so auf die guten Seiten zu konzentrieren, fällt allerdings den wenigsten leicht. Deshalb klagt auch der Pferdehändler, der seinen Gaul nicht verkaufen kann, weil er Malaisen mit der rechten Hinterhand hat: „Alle reden nur von dem Hinterbein, das er nachzieht, aber keiner redet von den drei anderen, die völlig gesund sind." Auch das ist nicht nur eine hübsche Pointe. Es ist ein Gleichnis, das Chinas Ministerpräsident Wen Jiabao in die Wirklichkeit geholt hat. Bei der Pressekonferenz zu dem „Antisezessionsgesetz" vom März 2005, das der Volksrepublik China erlaubt, ein abtrünniges Taiwan mit „unfriedlichen Mitteln" – auch das ein schöner Euphemismus für „Gewalt" – dem Reich einzuverleiben, wollten die Journalisten wissen, wie denn die entsprechenden Artikel des recht vage formulierten Gesetzestextes zu verstehen seien, welche „unfriedlichen Mittel" denn dann eingesetzt würden. Ministerpräsident Wen fand das keiner Erwiderung wert. Stattdessen hob er den „versöhnlichen Charakter von sieben der zehn Paragraphen des Gesetzes" hervor.

Und die Moral? Wolfdietrich Schnurre hat ihr den Titel „Prophetie und Erfüllung" zugedacht:

„Ein Prophet war in die Wüste gegangen und auf einen Löwen gestoßen. ‚Was du nicht sagst!', rief der Löwe erstaunt, ‚Die Welt geht unter?' Der Prophet nickte beflissen. ‚Dann, nehme ich an, wird's egal sein', sagte der Löwe und traf Anstalten, ihn zu verzehren. ‚Um Himmels willen!', schrie der Prophet, ‚Sie geht doch erst morgen unter!'"

20. Höchst fatal?

Vom gesunden Menschenverstand und vom Populismus

„Wir trauen fast niemand gesunden Menschenverstand zu als dem, der unserer Meinung ist."
La Rochefoucauld

Wer beansprucht nicht, mit gesundem Menschenverstand gesegnet zu sein? Wer, der sich seiner Sache und seiner Argumente sicher zu sein meint, erachtet nicht alle sachlichen Beweise als überflüssig, weil er den „gesunden Menschenverstand" auf seiner Seite zu wissen glaubt? Ist die Demokratie nicht die Verkörperung des „gesunden Menschenverstandes", weil vernünftige Menschen bei den Wahlen das Vernünftige tun? Und sagt uns der „gesunde Menschenverstand" nicht auch, dass die Erde eine Scheibe sei und die Welt hinter dem Horizont ende? Die Wissenschaft bestreitet das? Kein Wunder! Die Wissenschaft hat mit ihrem Rationalismus, mit ihrer Beweissucht nichts mit dem „gesunden Menschenverstand" gemein.

„Der richtige Verstand, welcher für Begriffe der gemeinen Erkenntnis zulangt, heißt der gesunde (fürs Haus hinreichende) Verstand", schreibt Kant (in seiner „Anthropologie in pragmatischer Hinsicht"). Bei Hegel (in den „Vorlesungen über Geschichte der Philosophie") heißt es: „Der gesunde Menschenverstand enthält die Maximen seiner Zeit." Er fügt noch hinzu: „… denn das, was man gesunden Menschenverstand nennt, ist nicht Philosophie." Und das Philosophielexikon weiß: „Als Gemeinsinn (lat. sensus communis, engl. common sense) oder gemeinen bzw. gesunden Menschenverstand bzw. Verstand bezeichnet man in der Philosophie ein Vermögen, zu Wissen oder zu ethischen Einsichten zu gelangen, ohne auf rationale Argumente zurückgreifen zu müssen."

Der „gesunde Menschenverstand“ ist ein Stück praktischer Vernunft, vorrational – jedoch nicht irrational – und mit einer guten Portion Gefühl, auch Empfindung untermischt. Erfahrung, Tradition, Überlieferung, wie sie sich in Sprichwörtern, Lebensweisheiten, Bauernregeln spiegeln, dürfen dabei durchaus mitreden. Entscheidend ist die Unmittelbarkeit des Urteils ohne langes Nachdenken. Der Slogan „Keine Experimente“, mit dem Adenauer wie Ludwig Erhard Wahlen gewannen, entsprach in der frühen Bundesrepublik durchaus dem „gesunden Menschenverstand“. Er stand für das „Wirtschaftswunder“, für die materiellen Erfolge nach den Verheerungen des Krieges, für eine erste Zufriedenheit nach Jahren der Ungewissheit und Unsicherheit. Dieses Beharren auf dem, was man erreicht hat, schloss Zweifel nicht aus. Besonders beim Nach-Denken.

Die erzählende wie die dramatische Literatur bezieht einen wesentlichen Teil ihrer Spannung aus dem Konflikt zwischen dem eigentlichen Geschehen und dem „gesunden Menschenverstand“, der dem zu widersprechen scheint. Wer soll denn glauben, dass Pothiphars Weib Joseph in Versuchung führte und nicht umgekehrt? Wer soll für möglich halten, dass Phädra die Fordernde, Begehrende und Hippolyt der Unschuldige war? Wen überzeugt, wenn er nur so viel wie Mandryka weiß, dass Arabellas Abschied von der Jungmädchenzeit die Sittsamkeit nicht verletzte? Der Zuschauer im Theater ist stets klüger als die Akteure auf der Bühne. Aber der Verzicht auf diesen Trick würde uns um die schönsten Opern, die aufregendsten Dramen bringen. Nur die Kinder dürfen im Kasperletheater „Kasper, pass auf, das Krokodil!“ rufen.

Der „gesunde Menschenverstand“ bewegt sich jenseits des Beweises, aber diesseits des Erfolgs. Er gehorcht Normen des Verhaltens, denen jeder spontan und aus Gewohnheit zustimmt. Richtiges Handeln erwächst deshalb nicht aus rechtem Wissen, sondern aus gutem Willen. Das klingt fragwürdig, unüberlegt, gefühlsbetont. Dahinter steht jedoch eine alte Erfahrung, die Erkenntnis, dass bestimmte Konventionen unumgänglich sind, wenn die Menschen miteinander auskommen sollen. Die „Nomoi“ (die menschlichen Gesetze), davon waren die alten Griechen überzeugt, hatten die

Götter gestiftet und eingeführt, deshalb galten sie als unveränderlich. Gleichwohl verkannte man bereits in der Antike nicht, dass die Sitten und damit die Maßstäbe für richtig und unrichtig von Land zu Land verschieden seien. Da unterschied sich Athen von Sparta, wurde, was die Griechen respektierten, nicht von den Barbaren anerkannt. Und das stolze „Civis romanus sum" verband sich mit dem Anspruch, nach Regeln zu leben, die den Status des römischen Bürgers gegenüber allen denen, die das Bürgerrecht nicht besaßen, verpflichtend hervorhob.

Problematisch – und problematisiert – wird der gesunde Menschenverstand, wenn es um Rechtsfälle geht. Das gilt besonders für Prozesse um Kunstwerke, die Persönlichkeitsrechte tangieren oder auf dem Grat zwischen Kunst und Pornographie balancieren. Da konkurriert die „Freiheit der Kunst" mit ihren ästhetischen Maßstäben mit kunstfremden Tatbeständen von der Beleidigung und der Rufschädigung bis zur „allgemeinen Moral", die kaum objektiv zu definieren ist. Ein Richter, der moralische Standards ins Feld führt, auf die „allgemeine Vorstellung von Sittlichkeit" hinweist und auf anerkannte Billigkeitsvorstellungen zurückgreift, muss sich deshalb regelmäßig den Spott derer gefallen lassen, die der Kunst jenseits aller gängigen Vorstellungen vom „öffentlichen Ärgernis" einen Freibrief ausgestellt sehen wollen. Der „gesunde Menschenverstand" wird bei solchen Urteilen oft polemisch mit dem „gesunden Volksempfinden" gleich gesetzt. Das ist die eine Seite. Doch es gibt noch eine andere, bei der, was zuvor als unbrauchbares Kriterium abgelehnt wurde, nun gleichsam zum Kronzeugen erhoben wird. Empfindet man ein Gerichtsurteil als unverständlich, als zu sehr im engen juristischen Denken befangen, ist es üblich, den „gesunden Menschenverstand" gegen solche „Paragraphenreiterei" auszuspielen.

In diesem Für und Wider wird übersehen, dass dem „gesunden Menschenverstand" in der Rechtspraxis seit gut anderthalb Jahrhunderten mit einer eingeführten und bewährten Organisation ein entscheidendes Urteil zugebilligt wird. Im Verfahren vor kommunalen Schieds- und Schlichtungsstellen traut man dem Schiedsmann, einem juristischen Laien, und dessen gesundem Menschenverstand wie seiner Lebenserfahrung ein überzeugendes Urteil bei der sachgerechten Beilegung von Streitigkeiten zu. Allerdings erweist sich, dass viele, weil sie mit einer Rechtsschutzversicherung ihrer Rechthaberei ein risikoloses Fundament errichtet zu haben glauben, den ausgleichenden Bescheid einer Schiedsstelle vor Gericht, möglichst durch alle Instanzen, zu ihren Gunsten zu wenden versuchen. Denn, so der slowenische Schriftsteller Zarko Petan, „der Verstand ist begrenzt, nur die Dummheit ist grenzenlos."

Die Einschätzung des „gesunden Menschenverstandes" ist deshalb abhängig von der Einschätzung des Menschen. „Der Mensch ist gut, aber die Leut' sind ein Gesindel", weiß ein gängiger Spruch. Neu ist das nicht. Der Sophist Antiphon meinte bereit im fünften vorchristlichen Jahrhundert, unbeobachtet folgten die Menschen den Antrieben ihrer Natur, nur unter den Augen der Mitmenschen hielten sie sich an die Regeln der Gesellschaft und handelten damit gerecht. Auch Isokrates, mehr als eine Generation jünger, ging davon aus, dass der Mensch sehr wohl zwischen Gut und Böse zu unterscheiden vermag, und folgerte daraus, dass die Erziehung zum Guten eine durchaus sinnvolle Aufgabe sei. Soviel Optimismus war dem chinesischen Philosophen Hsün-tze (Xunzi) hundert Jahre später fremd: „Die Natur des Menschen ist böse; was an ihm gut ist, ist künstlich."

Wer dieser pessimistischen Weltsicht anhängt, will, solange er nicht zum Fatalismus neigt, natürlich die Welt verbessern. Und meist hat er dazu auch ein passendes theoretisches Konzept parat. Schließlich haben dafür Philosophen von Plato über Morus und Campanella bis zu Marx Theorien entwickelt, mit denen die Menschheit zu ihrem Glück gezwungen werden könnte – soweit sie nicht wie Orwell mit „1984", Huxley mit seiner „Schönen neuen Welt", Bradbury mit „Fahrenheit 451" die Zukunft der Menschenwelt nur in der Finsternis des Totalitarismus sahen. Sie nennen dann „Erziehung", was einer „Gehirnwäsche" sehr nahe kommt. Dabei wird die Unterwerfung des Schutzlosen als „Einsicht" genommen – die sofort bestritten und zur Täuschung erklärt wird, wenn nur der kleinste Zweifel auftaucht. Das Schicksal der Marranen, der Juden in Spanien, die sich nach der Reconquista den Zwangstaufen unterwarfen, um nicht wie ihre glaubenstreuen Brüder ausgewiesen zu werden, ist dafür ein berühmtes Beispiel. Denn sobald sie irgendjemand als Konkurrent empfand, sahen sie sich mit dem Vorwurf konfrontiert, doch noch heimlich dem Judentum anzuhängen und damit ein todeswürdiges Verbrechen begangen zu haben.

Der „gesunde Menschenverstand" ist allen diesen Weltverbesserern suspekt, weil sich ihre Utopien gegen den Menschen richten, so wie er ist. Das Heil versprechen sie sich deshalb von der Erziehung – oder Züchtung – eines „neuen Menschen". Angesichts des permanenten Gegensatzes zwischen ergrübeltem und erfahrenem Wissen, zwischen Theorie und Praxis, entscheiden sie sich für das Ge- und Erdachte. Bereits Aristoteles differenzierte zwischen theoretischem und praktischem Intellekt. Der theoretische Intellekt konzentriert sich auf das Unveränderliche, um so zu beweisbaren wahren Einsichten zu gelangen, während der praktische Intellekt akzeptiert, dass die Handlungen des Menschen ambivalent sind und – auch wenn sie sich beweisen lassen – Ausnahmen nicht ausschließen. Deshalb wurde durch die Jahrhunderte zwischen der Philosophie als zweckfreier („theoretischer") Aneignung von Wissen und der Philologie als angewandtem („praktischem") Wissen unterschieden. „Gesunder Menschenverstand", „Common sense", „praktische Vernunft" sind in diesem Sinne der Philosophie fremd, weil sie Glaube, Glauben, Vorurteil, Wissen amalgamieren.

Eine Argumentation, die auf das Offensichtliche, auch auf das moralisch Selbstverständliche verweist, fordert, wenn die Meinungen divergieren, zum Widerspruch heraus. Nur wird der Disput dann oft – besonders wenn es um politische Ansichten geht – nicht im sachlichen Für und Wider ausgefochten, sondern mit Schlagworten abgewürgt. „Populismus" ist ein beliebter Einwurf, um dem, der anderer Meinung ist, die Ehre abzuschneiden. Den gängigen Meinungen wie den Meinungen in der Öffentlichkeit wird eine „öffentliche Meinung" entgegengehalten, die sich gewöhnlich als ein Surrogat politischer Korrektheit entpuppt. Denn Populismus und Demagogie neigen zu einer Symbiose – auf beiden Seiten. Also bei denen, die sich populistischer Feindbilder bedienen, die Kapitalisten als „Heuschrecken", „Blutsauger", „Abzocker", Arbeiter als „Proleten“, als „vaterlandslose Gesellen“, den ungeliebten Widerpart als „selbst ernannten Kritiker“ titulieren, wie bei denen, die sich klein machen, um dann groß zu behaupten, für die „einfachen Leute“, den „kleinen Mann“, die „große Masse“, die „schweigende Mehrheit“, die „Ehrlichen und Anständigen“ zu sprechen. Der Populismus gibt sich gern als eine Art säkularisiertes Gottesgnadentum, das uneigennützig dem Interessenausgleich zum Wohle aller dienen will. Der Aktionismus von Greenpeace, medienwirksam inszeniert, ist ein typisches Beispiel dafür. Nicht zuletzt auch, weil der Vehemenz der Beschuldigungen keinerlei Einsicht und Entschuldigungen gegenüberstehen, wo fahrlässig und bewusst auf der Grundlage unzureichender Beweise Schaden angerichtet wurde – erinnert sei nur an die falschen Behauptungen über die angeblich drohende Naturkatastrophe im Falle einer Versenkung der Ölplattform „Brent Spar“.

Die populistische Anprangerung von Fehlern und scheinbaren Fehlern unterstellt bewusst eine Gefährdung der freiheitlichen Ordnung, die man auf diese Weise im Interesse der Bürger bewahren wolle. Zugleich aber klingt Misstrauen gegenüber dem „mündigen Bürger“ an, weil der angeblich seine Mündigkeit nicht zu nutzen, den Mund nicht beizeiten aufzumachen verstünde. Obwohl jeglicher Populismus von der These ausgeht, jeder wüsste am besten, was für ihn und was für alle gut sei, setzt er tatsächlich auf eine reglementierte Gleichheit statt auf individuelle Differenzierung. Indem er die emotionale Überredung, auch das Überrumpeln, der Überzeugungskraft der Tatsachen vorzieht, bedient er sich der Mittel einer fragwürdigen Werbung. „Ihr da oben, wir da unten“ ist die Quintessenz solcher demagogischen Frontbildung. Denn aus Ressentiments entsteht ein gemeinsamer Grundklang, über dem dann als Leitmotiv alle möglichen Verschwörungstheorien variiert werden – das reicht von einer „zionistischen Weltverschwörung“ als Erbe des späten 19. Jahrhunderts über das „Umzingelt von einer Welt von Feinden“ bis zu der Behauptung, den Irakkrieg hätten die „Ölmultis“ angezettelt, um ihre Profite zu mehren.

Bevorzugte Zielscheibe populistischer Demagogie sind die „Berufspolitiker“, die angeblich nur Interessen- und Parteipolitik betreiben, allein „Partikularinteressen" vertreten. Ihnen werden „wir Steuerzahler" als negativ definierte Gemeinschaft gegenübergestellt. Das Seltsame dabei ist jedoch, dass Politiker, die immer wieder dem Populismus Tribut zollen, oft reiche Männer sind, wie Ross Perot in den USA oder Jörg Haider in Österreich. Bei ihnen ist auf einmal nicht mehr von der verderblichen „Macht des Kapitals" die Rede, sondern der Reichtum wird bewusst als Zeichen der Unabhängigkeit – von Diäten wie von Spenden, die auf Einfluss zielen – herausgestellt.

Für eine populistische Politik ist es charakteristisch, dass sie auf komplexe Konzepte verzichtet und sich stattdessen einzelne Probleme herauspickt, von denen sie sich ein Echo verspricht. Dabei sind Widersprüche durchaus „systemimmanent". Das fällt besonders bei den Umweltbündnissen auf. Sie fordern einerseits den Schutz der Küstengebiete und des Wattenmeers als Naturreservate, plädieren aber zugleich im Zuge ihrer Propaganda für erneuerbare Energien für die *Off-shore-Windparks*. Oder sie kämpfen durch alle Instanzen für die Brutgebiete seltener, vom Aussterben bedrohter Vögel, negieren aber den Vogelschlag durch die Propeller, die zur Nutzung der Windenergie dicht bei dicht stehen. Und zu einer grotesken Umkehr der Argumentationsmuster kam es, als Wirtschaftsverbände die Abschaffung des Pfingstmontags als Feiertag anregten. Da gehörten die Grünen plötzlich zu denen, die den „sozialen Besitzstand" eines Feiertages mit dem Hinweis auf den „Anker der kollektiven Erinnerung an das eigene kulturelle Herkommen" (Volker Beck) und die verbindlichen christlichen Traditionen gewahrt wissen wollten.

Wesentlich beim Populismus ist, dass das „Volk" nicht Objekt, sondern lediglich Subjekt ist. „Das Volk kann nicht populistisch sein, nur Berufspolitiker können das", stellt der Frankfurter Soziologe Heinz Steinert dementsprechend fest. Und da das Rechts-links-Schema noch immer eine Konstituante politischen Auseinanderdividierens ist, wird zwar allenthalben von „Rechtspopulismus", höchst selten jedoch von „Linkspopulismus" gesprochen. Protestwähler sind deshalb nur zu entschuldigen, wenn sie linksextremen Parolen aufsitzen und PDS wählen, nicht aber wenn sie sich von der

NPD, DFU und ähnlichen Konglomeraten einfangen lassen. Den DDR-Nostalgikern, die nicht nur Mitläufer, sondern Opportunisten und Nutznießer des SED-Regimes waren, erteilt man mit dem fragwürdigen „Wer weiß, wie ich mich unter diesen Umständen in der DDR verhalten hätte“ Absolution. Und als der Lateinamerikanist Victor Farias in seinem Buch „Die Nazis in Chile“ enthüllte, Salvador Allende habe sich in seiner Dissertation als Rassist und Befürworter der Euthanasie erwiesen und auch gewusst, dass Chile über Jahre international gesuchte Naziverbrecher vor ihrer Auslieferung und Verurteilung beschützte, hieß es in der „Süddeutschen Zeitung“, das sei zwar überwiegend richtig, aber nicht so entscheidend, „unendlich wichtiger“ wäre Allende als Volksfrontpräsident. Die Sünden der Linken sind verzeihliche Jugendsünden, selbst wenn sie bis ins hohe Alter nachwirken, wohingegen „rechte“ Verfehlungen, mögen darüber auch Jahrzehnte vergangen sein, keine Absolution erwarten dürfen. Das hat der „Fischer-Erlass“ – da kommt der Populismus als „Vergangenheitsbewältigung“ daher – über die Nachrufpraxis für Mitarbeiter des Auswärtigen Amtes, die einst Mitglieder der NSDAP waren, mit aller Strenge dekretiert. Und das wird journalistisch überstrapaziert, indem, nachdem die Aktivisten der Partei und die verantwortlichen Offiziere der Wehrmacht weitgehend weggestorben sind und selbst die Flakhelfer-Generation längst das Rentenalter erreicht hat, nun die letzten HJ-ler und Pimpfe zu „Hitlers willigen Helfern“ erklärt werden – britische Zeitungsartikel intonierten diese Melodie nach der Wahl von Papst Benedikt XVI.

Denn mehr noch als im Rückblick auf die nahe liegende Zeit der SED-Herrschaft, die die Gesellschaft im Osten allein wegen ihrer Dauer nachwirkend geprägt hat, geraten die zwölf Jahre unter Hitler immer wieder in den Zwiespalt zwischen „gesundem Menschenverstand“ und Populismus. Zu den populären, wenn nicht populistischen Argumenten, die lange als Gewissheiten genommen werden sollten, gehört, die Bevölkerung wie die Soldaten an der Front hätten nichts von den Verbrechen des Regimes gewusst. Mit dem gesunden Menschenverstand ist das jedoch unvereinbar. Hätten die Leute nicht realisiert, was ein KZ war, was mit den Juden geschah, wären KZ und Deportation als Drohung unwirksam gewesen. „Die

Bevölkerung wusste so viel und so wenig, wie sie wissen wollte. Was sie nicht wusste, das wollte sie aus verständlichen Gründen nicht mehr wissen. Etwas nicht wissen zu wollen, heißt jedoch stets, dass man genug weiß, um zu wissen, dass man nicht mehr wissen will", bemerkt dazu J. P. Stern in seinem Buch „Hitler – der Führer und das Volk".

Im Bezug auf die kommunistische Herrschaft gibt es dagegen zwei Varianten solcher Schutzbehauptungen. Was über die Verbrechen Stalins an die Öffentlichkeit drang, wurde von den Gläubigen in der westlichen Welt wie im Osten als „antikommunistische Propaganda", die den Sieg des Sozialismus in einem Fünftel der Erde zu diffamieren trachte, abgetan. Aber auch hier galt: Das Nichtwissen in der Politik setzt das Nichtwissen-Wollen voraus. Und wie es in den dreißiger Jahren eine Appeasement-Politik gegenüber Hitler-Deutschland gab, meinten viele, die es besser wussten, vor wie nach dem Zweiten Weltkrieg, man dürfe die Wahrheit über die Gewaltherrschaft der Kommunisten nicht an- und aussprechen, weil diese „Mühen der Ebene" der notwendige Tribut seien, um das kommunistische Ideal zu verwirklichen. Nicht anders verhielten sich die, die mehr oder weniger von dem System der SED-Herrschaft profitierten. Durch den Rundfunk und seit den späten sechziger Jahren durch das Fernsehen konnte man selbst im „Tal der Tränen" zwischen politischer Wirklichkeit und politischer Propaganda in der DDR unterscheiden. Aber man wusste auch, dass es nicht opportun sei, darüber zu sprechen, weil die Stasi große Ohren und viele Zuträger hatte – wie viele es tatsächlich waren, wurde allerdings erst nach der Wende offenbar. Das Misstrauen gegenüber Institutionen, denen man sich, solange die DDR bestand, schutzlos ausgeliefert sah, wie gegenüber unbekannten Menschen und ungewohnten Situationen, lebt auch im zweiten Jahrzehnt nach der Wiedervereinigung weiter. Ein typisches Produkt der DDR sei – so der Theaterregisseur Jürgen Gosch – eine „totale Eindimensionalität. Man reagiert auf alles mit Misstrauen. Das erlebe ich auch mit Schauspielern. Sie reagieren so, wie sie ihr Leben lang auf die DDR reagiert haben: mit Abwehr. Das hat sich zu einer Lebenshaltung verfestigt."

Der Zeichner Horst Janssen hat diese Uneinsichtigkeit in die Wechselfälle des Lebens, diese Furcht vor der Veränderung, die nur als eine Veränderung zum Schlechten gedacht wird, unabhängig von den Nachwirkungen der DDR in dem Satz zusammengefasst: „Dem Glück traut man nicht – Unglück, das währt, dem traut man." Allerdings lässt sich darüber streiten, ob das Fatalismus oder „gesunder Menschenverstand" ist.

Und die Moral? Sie findet sich bei Iwan Turgenjew, „Ein zufriedener Mensch" überschrieben:

Durch eine Straße der Hauptstadt eilt in großen Sprüngen ein noch junger Mann. Er bewegt sich froh und munter, seine Augen leuchten, ein breites Lächeln liegt auf seinen Lippen, sein freundliches Gesicht strahlt rosig auf ... Er ist voll Zufriedenheit und Glück! Was hat er wohl erlebt? Hat er eine Erbschaft gemacht? Ist er befördert worden? Eilt er zu einem Rendezvous? Oder hat er einfach gut gefrühstückt – und nun erfüllt das Gefühl der Gesundheit, der vollen Kraft, alle seine Glieder? Man wird ihm doch nicht dein schönes Ordenskreuz um seinen Hals gelegt haben, o Polenkönig Stanislaus! Nein! Ganz anders: Er hatte eine Denunziation gegen einen Bekannten erfunden, sie dann sorgfältig ausgestreut; nun hat er seine Verleumdung von einem anderen Bekannten wieder gehört – und glaubt jetzt selbst, dass sie stimmt.

Oh, wie zufrieden, wie gut sogar ist in dieser Minute dieser liebenswerte, viel versprechende junge Mann!

21. Nachtragend

Zum Schluss: Der pädagogische Zeigefinger

„Die größere Leistung des Gehirns liegt im Vergessen und nicht im Erinnern."
Horst Janssen

Den Satz sollte man nicht vergessen. Schließlich ist das Vergessenkönnen ein Sympathiebeweis im Umgang miteinander. Aber, zugegeben, er ist nicht leicht zu beherzigen. Daran erinnern die Zaubermärchen, in denen eine gute Fee auftaucht, jemandem drei Wünsche freistellt und als einzige Bedingung nur anfügt, er dürfe nicht an ein weißes Kaninchen denken. Der Glückliche hat noch nie an ein weißes Kaninchen gedacht. Doch jetzt will es ihm nicht mehr aus dem Kopf.

Ist es nicht im Alltag ähnlich? Im Privaten? Im Beruf? In der Öffentlichkeit? Im Miteinander, aus dem so leicht ein Gegeneinander zu werden droht? „Vor wem ich zu fliehen habe, weiß ich, aber nicht, wem ich folgen soll", schrieb Cicero einst an seinen Freund Atticus. Aber vielleicht lässt sich das Leben auch ohne Flucht und Gefolgschaft einrichten. Mit Selbstbewusstsein. Mit Unabhängigkeit. Mit dem Wissen, was man kann und was man nicht kann. Was man will und was man nicht will. Was möglich ist und was jenseits der eigenen Möglichkeiten liegt.

Vor Widerspruch muss man nicht zurückschrecken. Aber vor Schwätzern. Man sollte seine Zunge beherrschen. Und sie, wenn es Not tut, hüten. Man darf sich beeindrucken lassen, aber nicht blenden. Nachzugeben ist keine Sünde – wenn es nicht aus Langeweile geschieht oder um Lästiges von sich zu schieben. Naivität ist Kindern zuzubilligen, nicht aber denen, die Wichtiges zu verhandeln haben. Biederkeit kann man hinnehmen, Anbiederung nicht. Wer das Ziel kennt, darf die Wege wählen. Auch Umwege. Aber er muss darauf achten, auf den Nebenwegen nicht den Hauptweg aus dem Auge zu verlieren. In Japan heißt es, jeder sollte einmal den Fuji-san besteigen, wer es zweimal tue, wäre jedoch ein Narr, weil der Berg von unten viel schöner sei.

Neues ist nicht gut, weil es neu ist – und Altes nicht, weil es alt ist. Anstand und Anständigkeit, das wird oft vergessen, sind weder neu noch alt, aber notwendig sind sie. Geduld kann nicht schaden. Und sich Zeit zu nehmen, ohne die Zeit zu vergeuden, auch nicht. „Es muss doch etwas Vernünftigeres geben als Glück", hat Anton Tschechow notiert. Aber ist es deswegen unvernünftig, das Glück zu genießen? Und das Leben. Und alles, was man tut – für sich, für andere. Mag es Mühe bereiten oder Freude.

Es hilft, beweglich zu sein – und konsequent. Wo es Konflikte gibt, muss man von Konflikten sprechen. Und dabei das Einfache einfach sagen, das Komplizierte erklären. Was nicht zu lösen ist, muss man als unlösbar akzeptieren. Darüber zu klagen nützt nichts. Was nur unlösbar scheint, sollte man mit Beharrlichkeit verfolgen. Auch gegen Widerworte. Und Widerstände. Denn: Streit muss nicht sein. Aber Streit darf sein. Mit den richtigen Worten. Für das Richtige.